세기의 책들 20선

천년의 지혜 시리즈
NO. 4
경제경영 편

결코, 배불리 먹지 말 것

결코, 배불리 먹지 말 것

成功と幸せを手に入れたいなら
南北相法極意(口語版)

水野南北 ⓒ 1812

최초 출간일 1812년

성공과 행복을 이루고 싶다면!

결코, 배불리 먹지 말 것

미즈노 남보쿠 | 서진 편저·기획

南北相法極意
[口語版]

200년 동안 왜 이 책은 절판되지 않았을까?

SNOWFOX

천년의 지혜 시리즈 소개

천년의 지혜 시리즈

무엇을 읽어야 할까?

스노우폭스북스는 정말 읽어야 할 책을 선보이고 싶다는 열망의 해법을 찾기 위해 과거로 향했습니다. 이 과정에서 과거에 살았던 사람들이 겪던 문제와 현실이 지금의 모습과 결코 다르지 않다는 사실을 발견하게 되었습니다.

출간 후 1년만 지나도 사라지는 것이 지금의 시장입니다. 이런 때, 시대와 세대를 넘어 50여 개 언어와 나라에서, 많게는 2천여 번 이상 적게는 몇십 번 넘는 개정판으로 출간된 책들을 여러분께 보여드리고 싶은 강렬한 열정으로 저희는 가득 차 있었습니다.

어떻게 만들었을까?

약 2년여 동안 세계 각국에 흩어져 있는 오래된 고전 중에서 지금의 많은 사상들을 만들어 낸 시조가 되는 책들을 찾았습니다. 총 1만 2천 종의 도서를 검토했으며 그중 세계적으로 인정받으며 현재까지 절판되지 않거나 고전으로 자리매김한 책 20종을 '세기의 책'으로 명명하고 최종 출간 시리즈로 선정했습니다. 책은 총 20종이며 시리즈로 출간 예정입니다. 1부 경제경영, 2부 자기계발, 3부 에세이, 4부 인문·철학, 5부 내면·마음챙김으로 구분해 여러분께 이 귀중한 불변의 지혜를 전해 드릴 목표를 갖고 있습니다.

왜 만들었을까?

저희는 지금껏 우리 대중의 마인드와 태도의 바른 방향을 제시하는 지혜들을 파생시킨 '최초의 시작'을 전해드리고자 했습니다. 이런 귀중한 불멸의 지혜들을 하나의 시리즈로 묶어 즉각 접해 읽을 수 있게 만들고 싶었습니다.

이로써 지혜와 더 깊은 통찰에 목마른 우리 모두에게 '읽을거리'를 제공하고자 했습니다. 또한 가벼운 지금의 '읽기'에서 보다 깊이 사유하는 '읽는 사람'으로 변화되는 일을 만들어 나가고자 합니다.

THE
WISDOM OF
A
MILLENNIUM

천년의 지혜 시리즈 NO.4

SINCE 1812

책 소개 / 편저자의 말

　이 책의 편저에서 가장 중요하게 다룬 요소는 원문이 훼손되지 않는 것이었습니다. 이 책의 원문은 미즈노 남보쿠가 1812년에 쓴『남북상법극의수신록 최초 구어역 판』이며 문화 9년 임진년의 기록입니다.

　책은 몇 개의 번역 프로그램을 통해 각 3회에 거쳐 번역 완성도를 대조한 뒤, 일본어 능력 1급자와 현지 문법 전문가에게 검수를 거쳐 원문의 원고 신뢰성을 확보했습니다.

　편저자로서 현재 대중 리딩체제에 맞게 편히 읽히도록 글의 체제를 교체했으며 읽는 순간 직관적으로 이해되면서 기존 원문이 가진 짧은 호흡으로 읽히는 단점을 보완해 편집했습니다. 한자나 고전 언어처럼 의미가 깊게 함축된 문장은 그 뜻을 모두 찾아 의미가 두각돼 읽힐 수 있도록 하되, 글이 지나치게 풍성하게 부풀려지지 않도록 절제에 힘썼습니다.

이 책은 식(食)을 가려 먹는 것과, 절제해서 먹는 일이 어떻게 인생 전체를 다스리고 인간의 행복과 성공을 결정짓는가를 철저하게 깨닫게 합니다.

미즈노 남보쿠는 관상가로서 세상에 이름을 널리 알렸지만 중년 이후로는 음식의 절제를 강조하고 가르치는 것으로 성공과 부의 철학을 가르치는 스승으로 생을 마감했습니다.

천년의 지혜 시리즈를 기획하고 편저로 참여하면서 네 번째 책으로 이 책을 출간한 것은 이 책이 '인간의 성공과 행복의 밑거름이 돼주는 기본 철학을 다루고 있다'고 판단했기 때문입니다.

이 책『결코, 배불리 먹지 말 것』의 편저자로 한 문장 한 문장 곱씹고 깨달으며 글을 쓰는 동안 책에 담긴 가르침을 가장 먼저 얻게 된 것은 매우 감사한 일이었습니다.

그러고 보니, 생명은 음식과 직결되기에 '먹는 음식이 인격이다'라는 요즘 말에도 꼭 들어맞는 이치가 아닐 수 없습니다.

저자는 우리 인간이 태어날 때 이미 하늘에서 정해진 음식의 할당량이 있다고 말합니다. 출세와 가정의 행복, 장수와 건강한 신체를 두루 갖춰 일생의 번민을 없애는 방법으로 음식의 절제를 강조하는 이 책의 모든 지혜는 그 자체로 다른 책과 완전히 구별되는 독창성이며 탁월함입니다.

이로써 여러분의 삶에 이 책이 도움될 수 있기를 간절히 바라는 마음을 담았습니다.

편저자 서진

서문

✦

저는 오랫동안 관상을 보는 것을 직업으로 삼고 살았습니다.
그러나 관상을 판별하는 능력에 앞서
인간의 길흉화복(吉凶禍福)이 음식에 있다는 것을 알지 못했습니다.
단지 얼굴의 생김새만으로 운의 좋고 나쁨을 판단한 것이죠.

세상에는 부자와 지위가 높은 사람의 얼굴을 하고 있으면서
가난하고 짧은 수명과 명예롭지 못한 인생을
살고 있는 사람이 많습니다.

반면에 가난하고 단명하는 얼굴을 갖고 있으나
부유하고 높은 지위에 오르고
장수하는 사람도 많습니다.
이렇듯 타고난 관상보다 더 중요한 것이 있음을 깨닫게 된 것입니다.

많은 이들이 음식의 중요성을 알지 못하고
절제에서 오는 축복과 부와 평화를 얻지 못하는 것이 안타깝습니다.

인간의 운이 좋고 나쁨, 행복과 불행은 단연
먹고 마시는 것을 절제할 수 있느냐 없느냐에 따라 결정된다는 것을
하루빨리 깨달아야 합니다.

이 깨달음을 세상 사람들에게 전달하는 것은
너무나 중요한 일입니다.
저는 3천 명의 제자가 있으나 음식의 절제를 아는 것이
관상과 이치와 운을 점치는 것을 아는 것보다
언제나 더 중요하다는 것을 가르치고 있습니다.

그리고 이 방법을 실제로 실천한 사람들이
어떻게 자신의 운명을
완전히 새롭게 스스로 만들어 변화시키는지
모두가 실재하는 증거를 보고 있습니다.

큰 재앙을 겪은 어떤 이가 있었습니다.
그는 어려서부터 가난했지만
부단히 그 가난에서 벗어나고자 힘썼고
좋은 아내와 자식 둘까지 얻어 자기 스스로 이룬 것들을

뿌듯하게 바라보며 살았습니다.

그러나 중년이 되었고 모든 노력이 조금 느슨해졌습니다.
술과 고기도 더 자주 찾고 일도 조금 덜하며
맛있는 음식을 찾는 날이 많아졌습니다.

하지만 그가 이룬 것은 그의 운이나 관상의 생김새를
뛰어넘는 것들이었고 그것은 그가 절제하고 노력해
운명을 바꿔 놓은 결과였습니다.

이런 것을 모르고 음식과 술에 무절제해지니
타고난 명이 다시 그 자리를 메워 버렸습니다.
작게 운영하던 그의 점포는 지방 관리 눈 밖에 나
어처구니없이 빼앗겨 버렸고
아내는 마음에 깊은 병을 얻어
자리에 드러눕고 말았습니다.
두 아들은 시내에서 벌어진 싸움에 휘말려
관가에 끌려가 감옥에 들어가고 말았습니다.

그는 비참한 얼굴로 나를 찾아와 자신의 운과
앞으로의 인생이 어떻게 흐를 것인지 듣고 방비하려고 했습니다.
하지만 나는 그에게 그 어느 것보다 먼저

음식을 단호하게 절제하고
술과 고기를 멀리하고 맛있는 음식을 배불리 먹지 않으면
이 모든 일이 저절로 해결될 거라고 말해 주고 돌려보냈습니다.

그는 이런 가르침을 허투루 듣지 않았고
더 큰 고비를 넘겼을 뿐 아니라
오히려 더 행복하게 살게 되었습니다.

평생 가난한 생활을 할 인상을 가진 사람이
음식을 절제해 상당한 부를 얻었을 뿐 아니라
세상에도 크게 기여한 사례는 결코 적지 않습니다.

오랫동안 병약하고 명이 짧을 것으로 여겨졌던 사람이
아침저녁으로 음식을 절제하고 단단히 관리한 결과
몸과 마음이 건강해지고 장수하고
있는 사람도 적지 않습니다.

이런 사례는 지난 수십 년 동안 반복적으로 일어났고
이제는 함께 있는 제자들뿐 아니라 지방 곳곳에서
가르침을 청해오고 있습니다.

그 후로 나는 사람의 관상을 볼 때

그 사람의 식생활 상황을 먼저 물어봅니다.

그의 식생활에 따라 그 사람의 일생 운이 좋고 나쁨,

행복과 불행을 알려주는 데 한 번도 실패한 적이 없었기에

더더욱 사람의 운명이 모두 음식으로 결정된다는 것을 확신합니다.

따라서 나는 이 법칙과 하늘의 기운을 가늠하는 기준을

나의 관상판단법의 비결로 정하고

말로써만 전하는 것을 넘어

내 스스로 솔선수범해 실천하고 있습니다.

평생 쌀밥을 입에 대지 않고

한 끼에 보리 다섯 숟가락만 먹기로 한 것입니다.

술은 어려서부터 내가 즐기고 매우 좋아하는 즐거움이지만

이것 역시 절제해 하루 한 잔으로 정하고 있습니다.

이런 실천은 나 하나만을 위한 것이 아닙니다.

세상 사람들이 이 책을 참고하고 하루라도 빨리

음식을 절제하고 미래의 출세와 장수와 생활의 행복을 얻기를

간절히 바라기 때문에 모두를 위한 행동입니다.

문화 9년 임진년

미즈노 남보쿠

contents

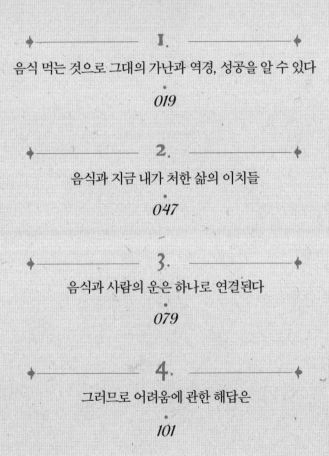

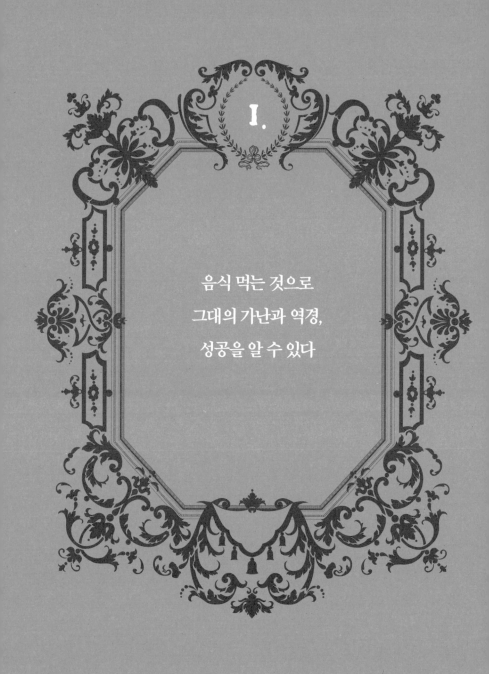

I.

음식 먹는 것으로
그대의 가난과 역경,
성공을 알 수 있다

여기서 말하는 중요한 것은

몸을 혹사하지 않는 정도의 음식을 먹는 것입니다.

육체노동자처럼 몸을 많이 쓰는 사람은 그 작업 정도에 따라

꼭 먹어야 할 최적의 식사량의 정도가 있습니다.

또한 몸의 크기나 그 기운의 많고 적음, 약함에 따라

그가 먹어야 할 식사량도 달라집니다.

부자든 가난한 사람이든

세상에 태어나면 각자의 몫을 갖고 태어납니다.

운이 좋은 사람은 하늘이 먹을 것을 내려 줍니다.

하늘은 그 생명과 먹을 음식을 함께 내려 줍니다.

그러므로 생명이 있으면 밥이 있고

밥이 있으면 생명이 아직 있는 것입니다.

생명이란 음식에 달린 것입니다.

음식은 생명의 원천이며 평생의 행운과 불운이 모두

음식에서 비롯돼 나오는 것입니다.

그렇기에 무엇보다 조심히 다뤄야 하는 것이 음식입니다.

절제해야 할 것이 음식입니다.

타고난 기질과 자신이 필요로 하는 음식의 양보다
적은 양을 먹는 것이 바로 운명을 갈고닦는 일입니다.
음식을 절제하는 사람은 타고난 인상이 좋지 않아도
운이 좋은 사람이 많습니다.
그는 늙어 행복해지거나 수명이 짧지 않습니다.
따라서 태어나면서 받은 할당량보다 더 많은 음식을 받게 되고
더 많이 먹을 수 있게 되니 자연히 수명이 길어지는 것입니다.

좋은 인상을 갖고 있지만 음식을 절제하지 않고 산 사람은
여러 면에서 부족함이 계속되고 생로병사가 끊이지 않으며
늙어서까지 불행해집니다.
여기서 말하는 절제란 적게 먹는 것 외에도
규칙적인 식사가 포함됩니다.
잠들고 일어나는 시간이 하늘의 태양이 뜨고 지는 시간에
맞춰 있지 않는 사람은
먹는 시간도 먹는 양도 절제된 규칙이 없습니다.
이런 사람은 하늘로부터 받은 타고난 할당량보다
더 먹지 못하고 오히려 줄어듭니다.

자기가 갖고 태어난 양만큼 먹고사는 사람은
운이 좋고 나쁨이 없고 그 좋고 나쁨이 없는 것이
관상으로 얼굴에 모두 드러나 있으며
특별히 좋은 것도 나쁜 것도 없이 살아갑니다.

그러나 인상이 나쁘지도 좋지도 않으며
자기 양만큼 먹고사는 것도 아닌
자신에게 주어진 할당량보다 더 많이 먹고사는 사람은
아무리 인품이 좋은 사람일지라도
불행한 내면의 번뇌가 끊이지 않습니다.
절제하지 않아 온 까닭에 가정도 파괴됩니다.
또 지금을 넘는 출세나 발전이 없습니다.

이런 사람 중에 가난한 사람이라면 고생만 평생 하다
성공이란 것은 단 한 번도 해 보지 못하고
평생 남을 원망하며 나라님을 욕하며 삽니다.

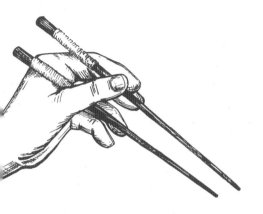

결코, 배불리 먹지 말 것

인품이 좋아도 결국 음식을 절제하지 못하면
그 내면의 덕(德)도 없어지고 세월이 더 흐를수록 아무 좋은 것도
그 마음에 남지 않게 됩니다.
비록 가난한 관상을 가졌어도 절제하는 사람만이
장수하고 더 먹을 수 있으며 행운을 이어가게 되는 것입니다.

먹는 양을 엄격하게 조절하는 사람은
비록 인상이 좋지 않아도 출세할 길이 열리며
그 출세로부터 따라온 행운까지 얻습니다.
평생 가정이 안정되고
그로부터 늙어서도 운이 좋은 사람으로 남게 됩니다.

적게 먹고 음식량을 엄격하게 조절하는 사람은
그 행운의 덕으로 하려는 많은 일이 두루 잘 풀리며
이상하리만큼 적절하게 맞아떨어지며
계획한 일이 잘 돌아가게 됩니다.
약해 보여도 병에 걸리지 않는 노년을 덤으로 얻게 됩니다.

먹는 양이 일정하지 않고 규칙적이지 않으며
때때로 많이 먹으며 폭식하는 사람은
아무리 관상이 좋아도 불운을 항상 함께 갖고 있게 됩니다.

평생 안도감을 얻지 못하는 것입니다.

과식으로 음식을 절제하지 않거나 불규칙적이고
아무 때나 음식을 먹는 사람은
평생 생활이 불안정합니다.
결국 가정은 파괴되고 무엇보다 병에 걸리게 됩니다.
작은 병이 이곳저곳으로 옮겨 다니다
결국 큰 병으로 한데 모여 몸을 칩니다.
거기에 관상까지 좋지 못하면 점차 불행한 일들이 겹쳐 일어나
좋은 죽음을 맞지 못하게 됩니다.

먹는 양을 조절해도
폭식처럼 불안정해지는 날이 많으면
하늘에서 받아 온 행운의 몫도 불안정해집니다.
먹는 양이 일정해야 하늘의 복도 안정됩니다.
엄격하게 음식을 통제하고 따르면서 저절로 얻게 된 통제력이
멀리 떨어져 있던 행운을 내 것으로 끌어오는 것입니다.
주인을 잃고 방황하던 행운이
새로운 주인을 찾아다니다 나에게 오는 형국이 되는 것입니다.

아무리 부자라도 주인이 폭식하면 그 집안은 오래가지 못합니다.

또한 그 주인을 따라 하인들도 폭식하기 시작하면

그 집은 바람보다 빨리 망하게 됩니다.

주인이 통제하지 않고 절제하지 않으며 불규칙적이면

하인들은 주인보다 더 빨리 통제력을 잃고

게을러지며 살이 찌고

자신의 좋은 성품도 잃게 돼

그 집이 망하지 않을 수 없습니다.

아내가 과식하는 경우는 남편과 다툼이 끊이지 않습니다.

부부관계는 끊어지고 정은 시들어 버립니다.

아내가 많이 먹는 사람이면 남편은 저절로

덜 먹게 되거나 적당히 먹게 됩니다.

아내는 점점 성미가 급해지고 남편과 대립하는 일이 많아집니다.

남편이 강하면 대립하지 않아도 부부관계는 소원해집니다.

먹는 양을 조절하던 사람이 먹는 양이 흐트러지고

불안정해지면 문제가 생길 징조입니다.

그럴 때는 빠르고 엄격하게 자신을 통제하면

문제가 호전됩니다.

집안 경제가 어느 정도 안정된 사람이라도
날마다 사람을 불러 모으고 미식에 빠져 절제하지 못하면
집이 망할 때가 왔다는 것을 명심하십시오.
또는 주인이 은퇴할 징조입니다.

외모가 정갈하고 잘 갖춰져 보여도 식습관이 엉망인 사람은
그 정갈함이 오래가지 못하며
잠시 잠깐 그 용모를 유지하는 것일 뿐
마음이 엄격하지 못한 사람이고
반드시 허세꾼이며 겉치레만 하는 사람이니 멀리해야 합니다.

항상 소식하는 사람이 병에 걸리기 시작할 때 식사를 거르면
혈색이 좋아도 죽는 경우가 많습니다.
이것은 식사가 끝나 자연히 죽는 것이기 때문에
죄가 없으며 병에 걸려도 고통이 없습니다.

신분이 높아도 신분이 낮은 사람처럼
조잡스럽고 망측한 음식을 좋아하며
그것을 즐겨 찾아 많이 먹는 사람은 마음이 천박할 뿐 아니라
수명도 타고난 명보다 더 빠르게 줄어듭니다.

사람은 모두 하늘에서 받은 먹을 양이 정해져 있습니다.
그렇다 해도 명운을 스스로 더 좋게 하고
행운을 불러올 수 있는
하늘의 복이 바로 음식 절제에 있으니
신분이 낮은 사람은 균형이 올바른 식사를 기본으로 하고
채소가 많은 식사하기를 불평하지 않아야 합니다.

신분이 높은 사람은 거친 음식을 먹지 않아도 되나
그렇더라도 늘 절제하고 균형 잡힌 식습관을 들여
더 적게 먹으면 그 복과 운이 집에 계속 거할 것입니다.

이렇게 되면 그 집안에 먹을 수 있는 복이 더 늘어나게 됩니다.
이렇게 늘어난 먹을 복은 자손에게까지 물려줄 수 있게 됩니다.
이 바탕에서 그 자신은 행복하게 살며
늙어도 병에 걸리지 않습니다.

살아 있어도 음식을 먹을 수 없게 되는 사람들이 있습니다.
수명이 길고 짧음을 외모로 판단하는 것은 어려운 일입니다.
그렇기에 평소의 식습관을 보고 판단하는 것이
혹시라도 있을 잘못된 판단을 막아 주는 길입니다.
그러니 관상을 보는 사람이나 운을 판단해 주는 사람이라면

그 병자의 운명을 판단하는 데 앞서
먼저 평소 식습관을 물어야 할 것입니다.

무병장수할 관상이라도 젊어서부터
매일 맛있는 음식을 찾기 좋아하는 미식가는
나이가 들면 위장병에 걸리게 됩니다.
관상이 좋다고 운이 좋을 것이라고 착각하면
결코 안 될 것입니다.
늙어서까지 행복하고 싶은 사람은
젊어서 하루라도 빨리 절제된 식생활을 하면
수명을 다할 때까지 만족스러운 삶을 누릴 수 있는 것입니다.

하늘의 운이라는 것이
이렇듯 움직일 수 있는 길이라는 사실을 알면
자식이 없는 사람이라도 절제하고 살았을 때
꼭 아이가 없다고 말할 필요가 없습니다.
늙어서라도 반드시 좋은 입양아를 얻을 수 있기 때문입니다.

어려서부터 절제된 식습관을 가지고 있었다면
하늘에서 받게 되는 음식의 양이 천지에 퍼져
자손에게까지 반드시 반영되고

그 자신도 그로부터 만족을 얻게 됩니다.
자신이 죽어도 자신이 쌓아 놓은 음식의 양을
자손이 받게 되기 때문입니다.

그렇게 얻은 조상의 음식의 양에
후손 역시 절제하는 식습관을 가지면
부와 성공과 행운과 행복이 두루 깃든
얼마의 평온한 삶을 살게 되는 것입니다.

하지만 이렇게 좋은 유산을 얻어 태어난 후손이라도
절제하지 않는 식습관을 계속하면 그 내려진 음식은
정해진 것보다 더 빠르게 줄고 없어져
스스로 행운과 복을 없애는 형국이 됩니다.

부유한 사람이라도 먹을 음식량이 모두 차면 사라집니다.
부자라도 가난한 사람처럼 절제해 먹으면
자신의 먹을 음식량이 남을 뿐 아니라 더 많아집니다.

옛말에 교만한 사람은 그 처세가
오래가지 못한다는 말이 있습니다.
아무리 행복한 사람이라도 식사는 반드시 절제해야 합니다.

그렇지 않으면 그 행복은 결국 작아지거나 사라집니다.
다만 절제된 식사가 그 모든 것을 지킬 수 있는 것이며
생명을 유지하는 것입니다.

비록 가난하고 수명이 짧아도
음식이나 물건, 자신의 소유물을 사려 깊게 아껴서 사용하면
그만큼의 행복과 생명이 스스로 하늘과 땅으로 뻗어나가
늘리게 되는 것이 하늘의 이치입니다.

앞으로 크게 성공할 관상을 가진 사람이
술과 음식을 좋아하고
일을 게을리하면
타고난 발전의 복을 먼지로 바꾸는 사람이며
자기에게 주어진 복의 몫을 스스로 갉아먹는 사람입니다.

식사는 모든 인간의 발전 원천입니다.
이런 것을 함부로 먹어 치우면
결국 성공과 발전의 기회의 근간을
잃게 될 것입니다.

음식을 결코 가볍게 여겨서는 안 됩니다.

음식은 두려운 것입니다.

음식은 사람에게 있어 기적을 가르는 것입니다.

늘 과식하는 사람은 한 끼 식사에서 배를 가득 채워야

식사를 끝낸 것으로 여깁니다.

그래서 병에 걸리기 시작하면

곧바로 먹지 못하게 되는 일이 다반사입니다.

늘 많이 먹어 오던 사람이 먹지 못하게 되니 괴롭고

더 크게 고통스러워합니다.

먹을 수 없게 된 일이 낭패로 여겨지고

이내 큰 문제로 생각되기 때문입니다.

그러다 곧 죽습니다.

그러나 평소 소식해 오던 사람은 음식이 풍요롭습니다.

적게 먹어도 충분하므로 병으로 덜 먹게 돼도

스스로 견딜 수 있기 때문입니다.

병이 길어져도 먹지 못하게 되는 일은 없습니다.

생명이 끝나도 하늘에서 받은 음식의 할당량이 없어지지 않듯

먹을 수 있으면 생명이 아직 남아 있는 것입니다.

그래서 쉽게 죽지 않습니다.

그러므로 적게 먹는 사람은 큰 병에 걸리지 않고
죽을 때도 고통스럽게 죽지 않는 것입니다.

먹는 양을 적당하게 정하고 조절하며 매일 먹는 사람이라도
자신이 받은 원래의 할당량보다 더 많이 먹는 사람은
발전할 관상을 가졌어도 발전하지 못합니다.

많은 월급을 받을 수 있는 관상을 가졌다고
남보다 더 많은 월급을 받지 않는 것처럼
부유하고 아무리 복이 많은 좋은 관상을 가졌어도
자신이 하늘로부터 받은 음식의 할당량 이상을 먹지 못하는 것이
이치입니다.

윗사람에게는 윗사람의 식사가 있고
아랫사람에게는 아랫사람의 식사가 있습니다.
아랫사람이 윗사람의 좋은 음식과 그만큼의 양을 먹으면
윗사람을 흉내 내는 것일 뿐이며
겉으로 만족을 맛보는 것일 뿐
아무런 이득이 없습니다.

그렇다고 윗사람의 지위가 되는 것이 아니며
흉내 내고 있다고 해서 존귀해지는 것이 아니기에
지위가 더 오를 일도 없는 것입니다.

또한 태어난 환경 안에서 가만히 잘 있다고 해도
잘 먹고 잘 사는 일은 쉽지 않습니다.
오로지 검소하고 과식하지 않으며 절제된 생활을 할 때라야
하늘에서 주어진 음식의 할당량을
조금 더 늘려 살 수 있는 것입니다.
더불어 이런 이치를 바탕으로 출세하는 것입니다.

의식주를 풍족하게 하고 가진 것을 모두 써서
편리함과 편안함으로 치장하는 사람이 출세를 바라는 것은
가장 어리석은 일입니다.

물질적으로 부족해도 정신적으로는 충만할 수 있습니다.
물질적으로 모든 것을 충족하면서 정신까지 만족하는 것은
이 세상에 없는 것입니다.

언제나 자신이 가진 것보다 적게 사용하고
아껴 사용하며 적게 먹는 절제에서만
성공과 발전과 지복이 흐르게 되는 것입니다.

사람이 고귀해지기도 하고 천하게 되기도 하는 것은
모두 음식을 절제하느냐 하지 못하느냐에 달려 있습니다.

세상에 이름을 알린 고귀한 신분의 승려는
저절로 된 것이 아닙니다.
먹고 싶은 대로 먹지 않고 절제해 온 까닭입니다.
만약 그가 절제하지 않고 누가 보지 않는 곳에서
폭식을 해왔더라면 하늘이 반드시 미워할 것이고
그 누구도 존경하지 않는 사람이 됐을 것이 틀림없습니다.

누구라도 자신에게 주어진 음식의 할당량보다 많이 먹는 사람은
그 운이 좋을 수 없습니다.
아무 때나 먹고, 규칙적이지 않으며

때때로 폭식을 일삼는 사람도
그 운에서는 다를 것이 없습니다.
이런 사람들의 특징은 모든 일이
뜻대로 되지 않는다는 점입니다.
또한 예상치 않은 손실이 곳곳에서 자주 일어난다는 것입니다.

애초에 하늘이 주는 음식은 그 양에 한계가 있습니다.
이보다 더 많이 먹으면 날마다 하늘에 빚을 지고 있는 것과
다를 바 없습니다.

이미 먹어 치운 음식은 모두 똥이 되어

다시는 세상으로 돌아오지 않습니다.

그러면 언제 이 빚을 갚겠습니까?

사람이야 빚을 독촉하지만 하늘은 독촉하지 않을 뿐 아니라

오히려 그 빚을 대신 갚아주기까지 합니다.

빚이란 결국 갚아야 하는 법입니다.

만약 이 빚을 당신이 갚지 못하면

자손이 갚게 되는 것입니다.

자손이 없으면 그 집을 멸망시켜 가계를 끊어 버립니다.

하늘에서 빌린 것은 하늘의 방식으로 갚게 되는 법입니다.

이것이야말로 천지의 이치입니다.

그러므로 자신이 받고 태어난 음식의 할당량을

벗어나 먹지 않아야 합니다.

그것보다 적게 먹고 절제하면 음식의 양은 더 많이 늘어나

애초에 받은 것보다 더 길게 먹을 것이 풍족해지지만

그 양을 모두 채우면 행운은 고사하고

불행이 가득하다 힘들게 죽게 되며

그 양보다 더 많이 먹으면 가정과 자손까지 망치게 되며

예기치 못한 재앙과 손실이 일어나니

이보다 더 중요한 법이 어디 있겠습니까?

이것은 모두 하늘이 우리 자신을 가르치는 방식이니
오히려 행운을 가져다주는 것에 감사히 여겨야 할 것입니다.

큰 어려움을 겪을 관상을 가졌어도
항상 음식 앞에서 겸손하고 식탐을 부리지 않으며
엄격하게 통제하는 사람은 곤경에 처하지 않습니다.
이와 반대로 폭식하거나 불안정한 식습관을 가진 사람은
반드시 액운이 찾아옵니다.

술과 고기를 많이 먹어 비만이 된 사람은
평생 출세하거나
지금보다 나은 인생을 살게 될 기회가 적습니다.

절제하지 않으면 그 누구라도 늙어서 불행이 찾아옵니다.
그도 그럴 것이 술로 인해 피가 많아지고
마음은 느슨해질 수밖에 없기 때문입니다.
느슨해진 마음을 가진 이가 그 인생을 발전시키는 일은
세상에 없을 것입니다.

술과 고기를 먹지 않아도 맛있는 음식을 많이 먹을 수 있습니다.
마찬가지로 과식하거나 폭식하는 사람은

배불리 먹고는 마음이 늘어집니다.

자연스레 졸음도 몰려오니 마음이 느슨해지고

정신도 신체도 마음도 점점 더 침체해 갑니다.

결국 그런 것들이 병을 몰고 와 죽음을 맞이하게 됩니다.

번영되고 부유한 곳에는 육식이 일상화돼 있습니다.

생물을 죽여 그 고기를 먹는 사람이 많습니다.

따라서 사람의 기질도 자연히 거칠어질 수밖에 없습니다.

살아 있는 생물을 죽여 그 고기를 먹고 즐기는 일로

거칠어지는 것은 당연한 일입니다.

산촌에서도 거친 음식을 먹는 사람이 많습니다.

음식의 종류가 곱게 손질된 것보다

자연소생 그대로 거친 것들이 많습니다.

따라서 사람의 기질도 온화하며

땅에서 나고 자란 것을 소중히 여기게 될 뿐 아니라

나쁜 기질을 가진 사람이 적습니다.

도시에는 단명하는 사람이 많고

산속에는 장수하는 사람이 많은 것도 모두 이런 까닭입니다.

아이의 관상이 가난하고 악한 인상이 있어도
부모의 행동으로 개선할 수 있습니다.
물론 그런 관상이 인과응보에 의한 것일 수도 있습니다.
다만 이 악의 밧줄을 풀기 위해서는 음덕을 쌓는 것 외에는
다른 방법이 없습니다.

나는 날마다 먹어야 할 음식의 절반을 먹지 않는 것으로
내 몫을 천지 만물에 남겨 주며 연명하고 있습니다.
나는 이미 수십 년 전에 죽을 운명이었으나
고승의 말씀을 따라 거친 음식을 먹고 절제하며
음덕을 나눠 준 것으로 지금껏 살아
죽을 운명을 빗겨 난 사람입니다.
이것이야말로 진정한 세상의 음덕이 아닐 수 없습니다.

이렇게 날마다 음식을 절제하고 그렇게 남긴 음식으로
음덕을 쌓으면 자손의 악업을 풀고
동시에 자신의 악운을 제거할 수 있음은
천지간에 분명한 일입니다.

효자로 살아갈 관상을 가진 사람도 평생 폭식을 계속하면
결국 병에 걸려 부모님이 주신 선물인 생명을 잃게 됩니다.
세상에 이보다 더 큰 불효는 없습니다.

따라서 음식을 절제하고 이를 엄격하게 통제하는 것은
자기 자신만을 위하는 일을 넘어
부모에 대한 효행의 기본이 되는 것입니다.
또한 어버이의 자식 사랑이며
배우자에 대한 지극한 사랑입니다.
밖으로는 나라에 대한 책임이며
이는 큰 사람이 되기 위한 으뜸가는 덕목을
갖추는 일인 것입니다.

음식을 절제할 줄 아는 사람은 비록 배움이 짧아도
무릇 사람이 마땅히 걸어야 할 길을 걷는 일이나
그 길에 복이 더해지지 않을 수 없는 것입니다.

이렇듯 사람의 관상에 따라 길흉화복을 논하지 않고
자기 장래 출셋길이 어떠할지 알고 싶다면
우선 식습관을 관리하고
자기에게 필요한 양보다 적게 먹을 것이며
이것을 엄격하게 통제하고 따르면 됩니다.

이것을 쉽게 조절할 수 있는 사람은
출세를 따로 말할 필요 없이
크게 대성할 운명인 사람인 것이고
그것이 어려운 사람은 평생 쉽게 출세하기 어려운 사람이니
더욱 각별히 유의하여 절제를 스스로 만들어 나가야 합니다.

비록 부잣집의 가세가 기울고 망했어도
만약 후대의 누군가 자신의 식단을 검소하게 유지하고
식사를 줄여 아끼며 살다 죽음이 가까워지면
천지개벽이 일어나 그 집안이 다시금 수입이 늘고
번영을 향해 나가게 됩니다.
그가 복을 지었기 때문입니다.

비록 빈곤한 관상이라도 실제 빈곤한 사람처럼

식사를 균형 있게 하고 엄격하게 통제하면

빈곤은 그 얼굴의 관상에 아랑곳하지 않고 사라져 버립니다.

면죄부를 얻은 것이고 그에 상응하는 금은보화를 얻은 것입니다.

이것을 가리켜 자복자덕(自福自德)이라고 하는 것입니다.

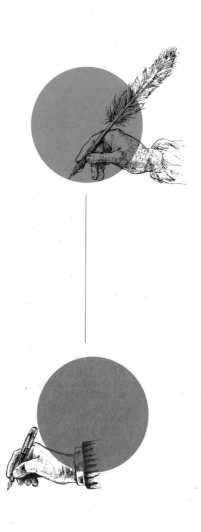

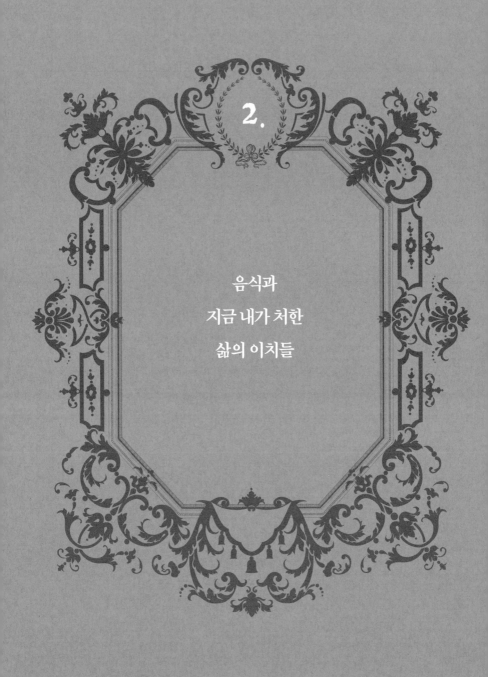

2.

음식과
지금 내가 처한
삶의 이치들

관상가로 이름을 알렸으면서

사람의 운과 운수 대통의 길은 이야기하지 않고
'왜 음식과 관련된 가르침만 강조하는가?'하고
의아해하는 사람들이 있습니다.
그 이유를 묻는 이도 많습니다.

많은 이가 운의 좋고 나쁨과
운에 좋은 행동과 좋지 않은 행동을
듣고 싶어 한다는 것을 잘 압니다.

하지만 성공을 돕는 '운'이라는 것이
결국은 몸과 마음을 다스리고 천하를 다스리기 위한
왕도에 관한 것이라는데 그 이유가 있습니다.

심신을 기르는 그 근원이 바로 음식이기 때문이며
이것을 엄격하게 절제할 수 있을 때라야
심신 또한 통제할 수 있는 것이기 때문입니다.
심신을 엄격하게 통제할 수 없다면
천하 역시 다스릴 수 없을 뿐 아니라

작게는 자기에게 주어진 어떤 자리나 위치도

지속해서 가질 수 없으며

다스릴 수도 없기 때문입니다.

이것이 내가 음식에 대해 계속 강조하는 이유입니다.

곡간에 음식이 넘치고 있어도

절제해야 하는가에 대해서도 묻는 이가 많습니다.

음식이란 사람의 생명을 먹여 살리는 것이니

충분히 사용해도 되는 것이 아닌지 묻는 것입니다.

또한 이렇게 음식을 절제하기만 하다

오히려 음식에 대해 욕심만 커져

식탐을 키우는 늪에 빠지는 것이 아닌가 하는 것입니다.

허나 사람의 생명을 먹여 살리는 음식이라도

대식가라면 그것은 불행을 자초하는 일입니다.

폭식해도 마찬가지입니다.

그것은 초목에 비료를 과하게 주는 일과 다를 바 없습니다.

넓은 논밭에 비료를 과하게 주면 잘 자라기는커녕

죽고 말지 않습니까?

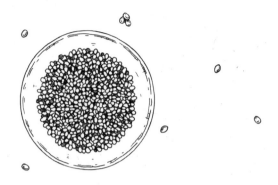

사람도 그렇습니다.

과하게 먹는 것은 생명을 살리는 것과 완전히 반대되는 것으로

오히려 인명을 해치는 일입니다.

알맞은 비료를 줄 때 풀과 나무와 곡식이 잘 자라는 것처럼

사람도 알맞고 적당하게 먹을 때 자연히 장수하게 됩니다.

그러니 생명을 상하게 하는 일을 하면 안 됩니다.

이런 하늘의 이치를 알고서도 폭식을 하는 사람은

자신의 선하고 맑은 생명을 표적 삼아

불화살을 쏘는 것과 같습니다.

음식을 폭식하는 것은 모두 천한 마음에서 일어나는 일입니다.

이것이 불교에서 말하는 **아귀도**(餓鬼道 삼악도의 하나. 아귀들이 모여 사는 세계

이며 아귀들이 먹으려는 음식은 불로 변하여 늘 굶주리고, 항상 매를 맞는다고 함)**입니다.**

즉, 재물에 인색하거나 음식에 욕심이 많은 자가
죽어서 가게 되는 곳으로
늘 굶주림과 목마름으로 괴로움을 겪는 곳과 똑같은
눈앞의 아귀도라 말할 수 있는 것입니다.

또한 이것이야말로 인면수심(人面獸心: 사람의 얼굴을 했으나 그 속은 짐승과 같음)
과 다를 바 없습니다.
누군가 '사람이 먹을 수 있는 여러 음식을 먹지 않고
보리와 야채, 국수도 충분히 먹지 못하는 것은
살아 있는 배고픔과 굶주림이며
슬픈 일이 아니냐'며 내게 묻습니다.

그렇다면 황제의 식사는 어떠합니까?
황제께 바치는 음식도 쌀입니다.
황제 아래 있는 존귀한 사람들의 음식도 쌀입니다.
이것은 두려운 일 아닙니까?
하루 세 번 먹어도 만족하지 못하고
보리를 먹으니 굶주린 사람이라고 생각하는 것은
자신의 신분을 제대로 알지 못하는 일 아닙니까?

자신을 들여다보세요.

우리 정도의 사람은 두부 찌꺼기를 먹어도

황제의 식사에 견줬을 때 신분에 넘치는 식사입니다.

이것을 알면 쌀과 보리를 먹을 수 있다는 것이

얼마나 더없이 감사한 일입니까?

신의 축복을 얻기 위해서라도 보리라는 곡물 겉모습에 얽매어

지나치게 생각하는 것은 삼가야 할 것입니다.

이루고 싶은 비상한 꿈이 있습니까?

때문에 더 잘 먹어야 하고 기분을 좋게 유지하기 위해

술과 음식을 즐겨야 할 것 같습니까?

여기저기 활기차게 뛰어다녀야 자기 꿈을 이룰 수 있으니

'음식을 든든히 먹는 것은 기본이다'라고 생각합니까?

굶거나 음식을 통제하면 기운이 없고 힘이 빠져

일이 잘 풀리지 않는다고 생각합니까?

속된 말로 기운이 넘친다는 것은

자연스럽지 못하다는 뜻이 될 수도 있습니다.

무리하게 일을 감행하는 것을 말할 수도 있습니다.

술과 고기에 만족하며 폭식하고 활기찬 모습으로 출세하는 것은

원래 천운을 거스르는 것이라 오래가지 못합니다.

오직 오래도록 겸손할 때 입신양명(立身揚名 사회적으로 인정받고 유명해지는

것) 할 수 있습니다.

식사의 절제라는 것은 보통 사람에게는 매우 어려운 일입니다.

배가 모두 차지 않은 상태에서 숟가락을 내려놓는 일은

보통 사람에게 힘든 일이나

성공과 출세, 발전과 행복, 하늘의 운과 부귀영화,

자식과 가문의 안정,

건강하고 긴 수명을 바란다면

못할 것도 없는 일 아닙니까?

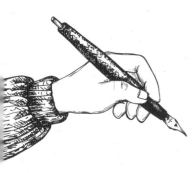

어려서부터 운이 좋아 큰 부와 행운을 누렸으나
최근 들어 운이 나빠지고 해마다 재산이 줄고
무엇을 하든 운이 따르지 않아 고통스러운 상황이라면
이 일에서 어떻게 벗어날 수 있겠습니까?

이런 사람은 젊어서부터 만족스러운 삶을 살아왔기 때문에
스스로 운이 나빠지는 행동을 알지 못합니다.
일찍이 절제를 배우지 않았기 때문입니다.
생활을 바르게 하지 않았거나 불규칙적으로
먹고 자는 일을 계속해 온 사람은
아무리 비상한 재주를 가졌어도
다른 이에게 지속적인 존경심을 얻지 못합니다.

존경심을 얻지 못하는 비상한 재주꾼은
그 스스로는 뛰어날 수 있으나
사업이나 부를 일궈낼 수 없습니다.
따라서 지금부터라도 절제를 배운다면
다시금 좋은 기운을 이을 수 있습니다.

이렇듯 스스로 절제하지 않으면 결국 하늘이 나서서
결핍의 경지에 이르게 하는 것입니다.
하늘이 결핍을 내릴 때는 고통이 많습니다.
그러나 스스로 부족하게 지낼 때는 고통이 적고
충만함으로 가득 차는 시기가 빨리 찾아옵니다.

비상한 재주로 젊어서부터 이름을 알리고
그를 따르는 사람이 많아 추앙받는 것에 익숙해
감사함을 되돌려 주지 않은 이도 많습니다.
작은 물건이라도 받는 일이 많았던 사람은 그것을 당연하게
여기다 가난이라는 벌을 받게 되는 것입니다.

그는 일찍이 복을 받았지만, 그 복을 다룰 줄 몰랐던 것입니다.
누군가 지속적으로 배려를 나타내도
그것을 당연하게 여긴 사람은

큰 복을 스스로 해치는 꼴이 되는 법입니다.

몇 해에 걸쳐 자신을 돕고 지원해 준 누군가가 있다면
세상에 없는 복을 얻은 경우입니다.
하지만 받는 것을 익숙하고 당연하게 여기면
그 돕는 마음을 바닥까지 긁어 쓴 꼴이라
사람으로 온 복이 지쳐서 떠나고 마는 것입니다.

세상에 자신을 돕는 이가 한 사람이라도 있는 사람은
다시 일어설 기회를 얻은 셈이나
그 복을 당연하게 여기거나 권리처럼 행동하면
스스로 복을 차 버리는 것입니다.

이런 사람이 나이 들어 가장 많이 하는 실수가 바로 '말'입니다.
자신도 모르게 줄어든 재산은 불평과 불만의
'말'의 값과 같습니다.
칭찬이나 감사함의 말이 아닌 불평과 불만의 말과
후회와 괴로움의 말을 많이 내뱉는 사람 곁에서는
좋은 사람이 견디지 못합니다.

따라서 스스로 절제하지 않아 생긴 불행과
감사함을 되돌려 주지 않고 지속해서 받아온 안일한 행동,
불평과 불만, 감사함 없는 말이 모여
나이들수록 가난하게 되고
깊이 있는 좋은 사람이 곁에 남아나질 못하니
말년은 지금보다 더 비참해 질 일만 남은 것과 같습니다.

관상에서 원래 가난하고 교만한 인상이 드러나 있는 사람이
부를 가진 경우가 있습니다.
이것은 그가 원래 재물이 있는 사람이 아니었으나
스스로 벌어들인 복입니다.

이런 사람은 가난한 마음으로
작은 것에도 반드시 감사하고
자신의 형편에서 할 수 있는 것들로 답례하는
겸손한 인간으로 돌아가면
이룬 부를 계속 지킬 수 있고
더 큰 복도 얻을 수 있게 되는 것입니다.

하지만 그 근본을 잊고 교만한 마음을 키우면
그 교만한 마음 때문에 어려움에 처하게 되는 것입니다.
근본을 잊은 사람이 갈 길을 잃는 것은
너무나 당연한 일 아닙니까?

일을 할 때 작은 물건이라도
함부로 소모되지 않는지 점검하고
만약 그런 일이 있다 해도 하인을 꾸짖지 말되
먼저 자신이 절제하고 불필요한 소비를 하지 않아야 합니다.
또한 하인과 다를 바 없는 식사를 해야 합니다.

자신이 이렇듯 행동하면 하인도 그 마음에 겸손을 품고
주인을 따라 운을 불러 모으는 마음가짐을 가진 사람이 됩니다.
만약 그렇게 해도 집안의 운이 다시 커지지 않으면
하인에게는 삼시 세끼 음식을 모두 주되
자신은 삼시 세끼 모두를 챙기지 말고
식사를 줄여 절제해야
3년이 지나면 집안의 모든 운이 다시 상승하니
틀림없음을 시험해 보기 바랍니다.

최근 몇 년 동안 잦은 병치레가 계속됐을 뿐 아니라
생활까지 궁핍해졌고 많은 친척이 있지만
아무도 도와주는 사람이 없다고 하소연하는 이가 있었습니다.
거두절미하고 그 사람의 잘못은
사람에게 의지하려는 마음가짐입니다.

개인의 길흉화복은

자신의 겸손에 따라 달라지는 것이지

남이 관여할 일이 아닙니다.

하지만 세상에는 가족 외에도 나를 지켜 주는 이가 많습니다.

농부들은 오곡을 만들어 우리에게 공급해 주고

장인들은 여러 도구를 만들어 줍니다.

상인들은 사람에게 필요한 것들을 만들고 제공합니다.

하늘부터 서민에 이르기까지 모두가 이렇게

우리를 지켜주고 있는 것입니다.

이렇듯 귀하게 제공되는 물건들을 낭비하고

쓸데없는 비난과 원망을 마음에 품어 두고

음식까지 함부로 먹어왔으니

아무리 인품이 좋아도 천리(天理 하늘의 이치)에 어긋나는

일을 해 온 것입니다.

결국 오장육부가 부패하고 독이 쌓여

병에 걸린 것이 당연한 일일 수밖에 없는 것입니다.

이것은 만물의 덕을 알지 못하고

스스로 불러온 재앙입니다.

왜 다른 사람이 당신에게 관심을 가져야 합니까?

더구나 스스로 자신을 업신여기는 사람을 말입니다.

깊이 절제하고 절약하며 3년을 지키고 나서

삶이 어떻게 바꼈는지 들려주러

다시 나를 찾아오라고 말해 주었습니다.

가업을 이어받거나 가업을 일구는 사람이라면
특히나 더더욱 절제를 중요하게 다뤄야 할 것입니다.
가업을 일구는 일이라며 여러 사람을 만나
술과 고기를 즐기다 보면
그것이 누적되고 쌓여 핵심을 벗어난 뜬구름 잡기식 생각만 커져
바른길로 가업을 이끌지 못하고 외진 길로 빠지기 쉽습니다.

더불어 많이 먹는 것 자체는 마음을 느슨하게 풀어 놓겠다고
아예 드러내는 것과 다를 바 없습니다.
자연히 몸도 무거워질 테니 마음이야 오죽해지겠습니까?
그러니 집안일도 게을리할 수밖에 없어집니다.

오늘도 내일도 몸이 계속 피곤하니
적당히 일하고 쉬게 되는 날이 많아집니다.

이렇게 하루하루가 더해지면
그날이 얼마나 많은 날 수가 됩니까?
결국 가업이 잘 될 리 없습니다.
몸도 병에 걸리게 되겠지요.
이 모든 것이 절제하지 못하는데다
음식까지 지나치게 더해진 것이 원인입니다.

음식에 엄격한 사람은 다른 모든 것에도 엄격해지기 쉬워집니다.
음식을 절제하는 사람은 다른 생활 역시
그 절제된 틀에서 관리하기 때문에
갑자기 벌어지는 위태로운 상황이 만들어지지 않습니다.
마음이 엄격하지 않으면 가업에 힘쓰고 싶어도
실행할 수가 없는 것입니다.
그러므로 모든 일의 기본이 음식 절제라는 것입니다.

사람에게 먹는 것만 한 즐거움이 없다고들 합니다.
'먹고 싶은 것을 먹지 않고 세상 사는 게
무슨 의미가 있느냐'고도 합니다.

정말 그렇습니까?

먼저 이뤄야 할 것이 맛있는 음식 먹기밖에 없습니까?

태어나 출세하는 길을 만드는 것이 먼저 아닙니까?

출세하고 즐길 수 있을 만큼 재산을 얻은 후에 비로소

음식과 음료를 더 질 좋은 것으로 바꿔 즐길 수 있으면 됩니다.

처음부터 먹고 마시는 즐거움을 극한으로 매일 즐기고 사니

하늘에서 나이들수록 가난해지는

가난의 고통을 주시는 것입니다.

입은 화장실의 입구입니다.

일단 입으로 넣은 것은 다시 내뱉어도 더럽습니다.

똥과 다를 것 없으며 똥과 같습니다.

맛있고 좋은 음식을 화장실에 버린다고 생각해 보세요.

그런 일을 하는 사람은 없습니다.

아무리 천하에 몹쓸 사람이라도

음식을 똥통에 갖다 버리는 짓은 하지 않습니다.

그런데 그것과 같은 것이 바로 음식을 마구 입에 넣는 것입니다.

배부르도록 입에 넣고 삼키는 것은

화장실에 음식을 가져다 버리는 것과 같다는 뜻입니다.

이 얼마나 끔찍한 일입니까?

안타깝게도 이런 이유로 지위가 높고 부자인 사람 중에
단명하는 이가 많은 것입니다.
지난 고생을 보상이라도 하듯,
가난했던 시절을 잊어버리고
자신이 만든 '천하태평을 즐기겠다'라는 생각으로
기름지고 귀한 음식을 찾아 배불리 먹는 일이 잦으니
그 부는 서서히 부서져 결국 와장창 무너져 버릴 때까지
가 버린 것입니다.

이미 망가진 몸에 부를 잃은 분노가 더해지니
그 생명이 소실되지 않고 버틸 리 없던 것이지요.
신기한 것은 오히려 가난한 이 중에
장수하는 사람이 많다는 것입니다.
배를 곯을 정도를 일컫는 것이 아니라
끼니 정도는 먹을 수 있지만 모든 것을 풍족하게
꾸릴 수 없는 정도의 사람 말입니다.
이 점을 깊이 성찰할 필요가 있음을 일러두겠습니다.

자신이 가난한 것이 모두 운이 없어서 그런 것 같아서
열심히 하느님께 기도하면 그 소원이 이뤄질까요?
천일 밤낮을 기도해도 스스로 성실한 마음이 없으면
천지를 뒤흔들어도 신께 그 기도가 닿지 않습니다.
신에게 가는 기도는 성실함이 가마이자 마차와 같기 때문입니다.

가마도 마차도 없이 '천 리 길을 걸어가겠다' 하면
도착이나 할 수 있습니까?
만약 간절하고 진실한 마음으로 기도하겠다는 결심이 섰다면
그 기도하는 시간의 열 배만큼 성실하게
생활한 다음에 해야 합니다.
그러면 그것이 어떤 소원이든 반드시 이뤄줄 것이니
내 말을 시험해 보기 바랍니다.

애초에 음식이란 생명을 먹이는 근본입니다.
그러므로 음식을 신께 바치는 것은
곧 자신의 생명을 바치는 것과 같습니다.
밥 3공기를 먹는 사람이라면 2공기만 먹고
나머지 1공기는 신께 바친다는 마음으로
기도하고 줄여 나가십시오.
그것이 공양입니다.

결코, 배불리 먹지 말 것

매일 밥상에 놓이는 밥 한 숟가락은 신께 바치겠다고 기도하고
두 숟가락만 담아 먹도록 하십시오.
이 한 숟가락을 신은 다정하게 받아 주십니다.

신은 정직한 머리에 거하시는 분이시니
혼탁한 마음을 가진 사람은 받아 주지 않습니다.
다만 진실한 마음을 가진 사람의 뜻을 받아 주시니
그런 이가 간청하는 소원은 이뤄지지 않는 것이 없습니다.

한 끼에 한 공기를 먹어야 배가 차는 사람이라면
끼니마다 밥 두 숟가락을 먼저 덜어낸 다음
밥을 먹도록 하십시오.
이렇게 덜어낸 밥을 신께 먼저 공양드리는 기도를 하고
모았다가 짐승이나 새에게 다시 베푸는 것은
하늘도 매우 기뻐할 일입니다.

이렇게 조금이라도 음식을 남겨 자신이 믿는 신불에게 바쳐
살아있는 것들에게 나눠주는 것이 음덕이므로
신도 기꺼이 기뻐하시는 것입니다.
자비로운 행동이기에 그렇습니다.

그렇다고 이것을 위해 따로 음식을 만들어 베푸는 것은
죄가 됩니다.
자신이 먹는 것을 절제하고 베푸는 것만이 진정한 음덕입니다.
할 수만 있다면 끼니마다 절제하여
이것을 실천하기를 바랍니다.
이런 것은 배도 편하게 할 뿐 아니라
건강을 덤으로 주기까지 합니다.
당연히 큰 병에 걸릴 염려도 없습니다.

세 끼 식사 중에 한 끼를 절제하여 음덕으로 쌓을 수 있다면
그것이라도 좋습니다.
이렇게 쌓은 음덕의 음식은 자신이 태어날 때
하늘이 정해준 음식의 할당량을 늘리는 행위입니다.
이것을 바탕으로 출세하십시오.
그렇다고 스스로 덕을 늘리려고
일부러 수작을 부리지는 마십시오.
그러면 하늘에서 복덕이 찾아오지 않습니다.

점쟁이가 말하기를 당신은 매우 좋은 사주팔자를 타고났고
두루두루 모든 게 행복해질 것이며
운도 좋은 사람이라고 하던가요?
그런데 왜 지금은 가난하고 생활이 궁핍한 걸까요?
이유가 궁금합니까?

편안한 얼굴을 띠고 인상이 좋은 사람에게 물어보면
행복하고 좋은 환경에 있다고 말하는 사람이 많습니다.
얼굴은 살아있는 답안지 같은 것입니다.
이쯤되면 더 말할 것이 없습니다.
운 나쁜 사람도 자기 절제에 따라 살면
행복한 얼굴을 한 사람으로 변한다는 것입니다.

운이 좋게 태어난 사람도 겸손이 부족하면 가난한 사람이 되고
불행한 얼굴을 한 사람으로 변한다는 것입니다.

그래서 나는 얼굴만 보고 그 사람의 길흉화복을
점쳐주기를 중단한 것입니다.
사람이 절제할 때는 운 좋은 얼굴을 하고 있다가
절제하지 않는 시절에는 불운한 얼굴로 바뀌어 버리니
내가 만난 그 시절의 관상만으로
상대를 판단하는 것이 큰 의미가 없음을
알게 됐기 때문입니다.
시절에 따라 변하는 것이 관상입니다.
따라서 나는 사주를 근본으로
앞날을 판단하는 일도 거의 하지 않기로 했습니다.
다만 세상의 명덕과 이치를 설명하고 심신을 안정시키는 것이
내가 해 주는 거의 유일한 일이 되었습니다.

내가 인물을 보고 길(吉)하다고 하면 그 사람은
나의 이 말에 기대어 크게 기뻐하며
지금껏 쌓은 덕을 해치는 짓을 하니 그만둔 것입니다.
또 내가 흉(凶)에 관해 이야기하면
이 말에 마음을 굴복해 노력을 포기하니

스스로 더 많은 흉(凶)을 만드는 일을 하는 사람도 많기 때문입니다.

이렇듯 기개를 쉽게 잃는 것은
소인배에게 흔히 일어나는 일입니다.
따라서 사주팔자에 따라 길흉화복을 판단하며
단정 짓는 것은 좋지 못한 일입니다.
점쟁이에게는 그저 자기가 절제하며 생활하면
어떤 일이 일어나겠는가만 물어보면 됩니다.

자신의 인상이 가난하고 불행한 얼굴을 하고 있다고 생각되면
절제를 통해 천지의 덕을 쌓는 것을
최우선 과제로 삼아 지내십시오.
이렇게 하면 가난한 사람도, 불운한 얼굴을 한 사람도,
인상이 험악한 사람도 운 좋은 얼굴을 한 사람으로 바뀌고
실제로 좋은 운이 계속 따라붙으며
흉(凶)도 길(吉)로 바뀔 것입니다.

인생이 모두 먹고 살기에 달려 있기는 해도
유교의 오상, 인의예지신(仁義禮智信)은
도를 지키지 않고는 스스로 다스릴 수 없다고들 생각합니다.
어떻게 생각하십니까?

네, 맞습니다.
그러나 오상(五常)이라는 것은 삶의 기술입니다.
하지만 사람이 살고 죽는 기본은 천지의 덕입니다.
즉, 생명은 하늘의 덕입니다.
그러니 덕을 기르는 것이 땅의 덕이기도 합니다.

따라서 우리를 길러주는 것은
천지의 풍요로운 들판에 있는 것입니다.
이런 천지의 덕을 깨닫게 되면
자연스럽게 부모의 은덕을 알게 되는 것입니다.
부모의 은덕을 알게 된다는 것은
모든 것에 존중을 드러내게 하니

이렇듯 진정한 음덕이란 오곡백과(五穀百果 다섯 가지 곡식과 백 가지 과일이

라는 뜻. 흔히 수확의 계절인 가을에 나오는 풍성한 식재료를 가리킨다)라고 해서 더 먹지

않는 것입니다.

작은 것 하나라도 낭비하지 않고
아껴서 쓰는 것이 진리의 음덕입니다.
세상 사람들은 한 알의 오곡이 땅에 떨어져 썩는 것을 보고
슬퍼하면서도 맛있는 음식이 있다면
배가 불러도 한 그릇 더 먹어 똥을 만드는 일에는 무감각합니다.
이런 것을 두고 자기 자신을 모른다고 하는 것입니다.

식사 초대를 받아 간 곳에서 주인이 차려 내 준 상 위에 음식을
모두 비워야 예의라고 생각할 수 있습니다.
이것이 도덕이라고 말입니다.
그렇습니까?

나의 대답은 '그렇지 않다'입니다.
오히려 이렇게 생각하는 것은 큰 잘못입니다.
이미 배가 부르지만 남겨진 음식이 아깝다고 생각해서
남기는 것은 낭비라고 생각합니까?
그래서 배 속에 넣어야 한다고 생각하겠지만
이것이야말로 큰 착각입니다.

언뜻 보기에 음식을 낭비하는 것처럼 보여도

결코 그런 것이 아닙니다.

오히려 양보가 될 수 있으며 때론 자비가 되기도 합니다.

남겨진 음식이 어떻게 처리될 것인가는 주인에게 맡기십시오.

그 주인의 덕에 따라 처분되도록

관여할 필요가 없는 것입니다.

다만 자기 자신을 살펴야 합니다.

배가 부른데 입에 넣는 것이야말로 낭비입니다.

낭비를 하는 사람은 자신의 덕을 해치는 사람입니다.

이렇게 해마다 자신의 덕을 해치고 있으니

출세하는 사람이 적고 가난에 빠지는 사람이 많은 것입니다.

조금이라도 낭비되는 일에 일조하지 마십시오.

이것이야말로 진정한 덕이요, 음덕이니

이렇게 쌓아가다 보면

필경 좋은 소식이 찾아올 것입니다.

겸손하지 못하여 만물을 처참하게 죽이고

함부로 다루면 사람도 고통스럽게 죽는 것을 면할 수 없습니다.

이 모든 천지의 생명 또한 전생과 이어져

지금에 존재하는 것들인데

지금 내가 인간이라 하여 우월한 교만을 갖고

함부로 죽이니 그럴 수밖에요.

천지는 만물을 만들어 지금 인간으로 태어난

나를 구원해 주고 있습니다.

그런데 이런 감사함을 모르고 함부로 대하는 사람은

천지를 경시하는 것과 똑같습니다.

이런 사람이 늙어서 고통스럽게 죽는 것은

지극히 당연한 자연의 이치 아니겠습니까?

길가에서 쓰러져 죽거나 객사해도 이상할 것이 없습니다.

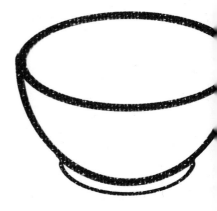

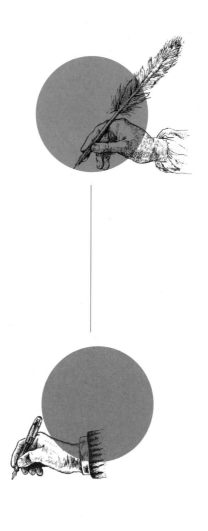

3.

음식과
사람의 운은
하나로 연결된다

우울한 날이 많고

식욕도 거의 없어서
자신을 걱정하는 사람이 있습니다.
음식을 잘 먹어야 몸과 마음을 키울 수 있는데
그렇지 못하니 이것이 병인지 걱정하는 것이지요.

그러나 이 사람은 이미 충분히 먹은 사람입니다.
이미 만족감을 느낄 만큼 먹었기 때문에 식욕이 없는 것입니다.
배가 고프지 않고 식욕이 적은 것 같다면
끼니를 줄이면 그만입니다.

세 끼를 먹었다면 두 끼만 먹을 일입니다.
두 끼를 먹었다면 한 끼로 줄이면 될 일입니다.
음식의 양을 줄이면 적은 양으로도 더 맛있게 먹을 수 있게 되고
식사도 더 잘하게 됩니다.

이렇게 식사를 절제하면 식욕이 없다고 할 일이 없어집니다.
그래도 식욕이 없으면
하루 동안 음식을 먹지 않는 것도 좋습니다.

하루 꼬박 굶기를 자주 하다 보면

반찬 없이 소금만 있어도 맛있게 먹게 될 것입니다.

절제하지 않고 무슨 음식이든 충분히 먹는 사람은

어떤 맛있는 음식을 먹어도 그 맛을 풍성하게 느끼지도 못하고

아주 맛있는 음식이라는 생각도 하지 못합니다.

사실 음식이 배에 가득 차 있지 않을 때

기분이 좋고 건강한 느낌이 든다는 걸 여러분도 잘 알 것입니다.

이것을 알면서도 폭식하는 것은

불에 뛰어드는 걸 좋아하는 날벌레와 같은 이치입니다.

아이가 없어서, 물려 줄 자손이 없어서,

내가 사는 동안에 모아둔 재산을 모두 써야 하고

풍족하게 모두 누려야 한다고 생각하는 이도 있을 것입니다.

'죽어서 무슨 영화가 있겠냐' 말하며

살아서 '나는 이 모든 걸 누리겠다' 하는 것이죠.

하지만 이것을 알아야 합니다.

사람은 불생불멸(不生不滅 생겨나지도 않고 없어지지도 않고 항상 그대로 변함이 없음)

이라는 것입니다. 또한 한 번 이 세상에 태어난 사람에게는

인과응보가 있다는 것입니다.

결코, 배불리 먹지 말 것

현세에서 악을 행하면 다시 태어날 때

그 보응의 업을 가지고 태어난다는 것입니다.

선을 행하는 것 역시 다시 태어날 때 업으로 갖고 태어납니다.

그 업에 전생의 선에 대한 보답이 담겨 있습니다.

이때 그 은혜를 받는 것입니다.

이것으로 무엇을 알 수 있습니까?

현세에서 쌓은 것은 모두 미래로 돌아가

그 덕을 갖고 다시 태어난다는 것입니다.

그래서 무서운 것이 현세입니다.

그러므로 현세에서 먹고 마시는 것을 절제하고

무엇이든 낭비하지 않고 음덕을 쌓는 사람은

그 자리에서 부처가 되며, 자신을 구하는 것입니다.

스스로 행동하지 않고는 구원의 길은 없습니다.

결코, 배불리 먹지 말 것

어려서부터 식습관을 절제해 왔으며
아내와 자식을 먹여 살리는 데 최선을 다했지만
아직 가난에서 벗어나지 못한 이가 있었습니다.
그래서 그는 절제된 식생활의 효용성에 의문을 가졌습니다.

이 사람은 처음 날 때부터 하늘로부터 할당받은 음식량이
적은 사람이었습니다.

세상에 음식을 구걸할 얼굴상이기도 했습니다.
다행히 어릴 때부터 절제된 식생활을 해 온 덕분에
음식량이 많아져 평생 구걸할 염려가 없어진 것입니다.
만약 타고난 체질대로 먹을 것을 끝없이 욕심냈더라면
많은 양을 받아 태어났어도 금세 바닥났을 것이고
구걸할 신세를 면하지 못했을 것입니다.

그는 외로움의 얼굴을 하고 있었으나 좋은 자식을 얻었습니다.
자식은 늙어서 먹을 것을 나눠주는 원천이 됩니다.
설령 부유하게 살았어도 자식 없는 사람은
노년이 되면 가난해지기 쉽습니다.

그러나 이 사람은 어려서부터 절제된 식사를 해 온 덕분에
노년에 자식에게 의지할 수 있는 복을 얻었고
먹을 것을 구걸할 염려 또한 없어졌으니
아직도 가난하다는 것을 붙잡고 한탄할 필요가 없는 것입니다.
다만 자신의 신분에 걸맞게 만족해야 한다는 것을 명심하고
앞으로도 계속 절제에 힘써 타고난 할당량을 늘려
자손에게 물려줘야 합니다.

덕이란 모두 내가 쌓는 것이며 오롯이 내 것입니다.
결코 남의 것이 되지 않으니 안심해도 됩니다.

사람은 모두 각자 자기만의 신체적 특성이 있어서
크고 작음과 강하고 약한 기운이 다릅니다.
따라서 먹는 양이라는 것 역시
그 비율에 따라 달라지는 것입니다.

밥을 두세 그릇 먹는 사람도 있고
네다섯 그릇을 먹어야 배부른 사람도 있습니다.
이렇듯 사람마다 가진 특성에 맞게 식사량을 정하는 것은
매우 좋은 일이나, 다만 조금이라도 적게 정하는 것이 좋습니다.

예를 들어 두 그릇을 먹어야 배가 부른 사람이라면
그 양의 8등분을 먹는 것입니다.
절제하지 않는 사람은 이런 기준 없이 먹기 때문에
음식이 배에 고이게 됩니다.
이것은 고스란히 숙변이 되겠지요.
이런 음식 찌꺼기는 언제나 만병의 근원이요,
비운의 근원입니다.

어른으로 잘살고 있고 자식까지 있어도
병든 사람 중 거의 다수는
음식을 절제하지 않은 사람이 많습니다.
이 얼마나 무서운 일입니까?
부모와 자식과 손자, 손녀 3대에 걸쳐 드리우는 구원은
절제에 있습니다.

염불하는 고승의 고귀함은 한없이 큽니다.
그러나 아무리 염불하는 고승이라 해도
과식하고 과음하며 염불로 쌓은 자신의 덕을 해치고
천지의 덕을 낭비하면 세상 사람의 존경을 얻지 못합니다.

많이 먹는 승려는 집도 없고 기거할 절도 없이
누더기를 걸치고 항상 먹을 것이 부족해
여기저기서 먹을 것을 구하게 됩니다.

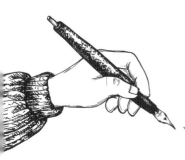

세상에서 자기 몸을 절제하는 것보다 더 귀한 것은 없습니다.
이런 이는 과거의 악업도 술술 잘 풀려나갑니다.
그러니 현세에 행복이 오고
죽을 때도 평온하게 죽을 수 있게 되는 것입니다.

죽는 것이 편안하면 후세에도 편안하게 살 수 있게 됩니다.
이 때문에 불법(佛法 부처님의 가르침)에 음식을 절제하고
제한하는 수행법이 있는 것입니다.
현세를 이용해 후세를 구하기 위함인 것입니다.
이렇듯 3대를 살리기 위해서라면 음식을 절제하는 것보다
더 확실한 방법은 없습니다.

나는 염불을 즐겨합니다.

그러면서 음식을 절제하지 않는 것은

부처님 뜻에 맞지 않는 일로 가르치고 있습니다.

하지만 많은 지식인들이 불교의 법의(法義 불법의 근본)를 따르는 일은

먹고 마시면서도 이룹게 할 수 있다고 말합니다.

그래서 음식의 절제를 가르치는 나를 두고

곡학아세(曲學阿世 바른길에서 벗어난 학문으로 세상 사람에게 아첨함)하는 이가

아닌가?' 하는 사람들이 있습니다.

불교가 무엇입니까?

불교는 마음을 안정시키는 것을 기본으로 하고 있습니다.

그렇다면 먹고 마시는 것을 절제할 때 마음은 어떠합니까?

고요하고 흐트러짐이 없지 않습니까?

그런 마음으로 있으니 성취되기를 바라는 것들이

저절로 이뤄지지 않겠습니까?

음식을 넘치게 먹으면 어떻습니까?

자연스럽게 마음이 흐려지고

자신도 모르게 기(氣)도 무거워지지 않던가요?

그 바탕에서 방황하는 마음이 생기고
그 방황하는 길에서 성취에 도달할 수 없지요.
이 때문에 불교 수행자는 음식을 줄이는 것이며
대승 중에는 아직도 아침 외에는
먹지도 마시지도 않는 이들이 있는 깃입니다.

밤낮으로 염불을 외운다고 해도 마음이 흔들리고 방황한다면
어떻게 부처님의 뜻을 따를 수 있습니까?
그러니 일반 승려라도 세 끼 중에 한 끼를 줄이고
그 한 끼를 부처님께 공양하고 염불을 외우면
마음이 고요해지고 안정되며 부처님의 뜻을
따르는 길이 되는 것입니다.

세상에 이름을 알리려고 절제에 힘썼지만
운이 점점 나빠져 계속 큰 어려움에 처해 있다고 해 봅시다.
이런 것을 보면 결국 '운에 달린 것이 아닌가?'
생각이 들 수 있습니다.

알아야 할 것은 이것입니다.
한 가지 재주가 뛰어나며 절제가 굳건해도
하늘은 때로 큰 곤궁을 주기도 한다는 것입니다.

이것은 계속 그 길에 정진하라는 하늘의 가르침입니다.

이미 하나의 특출한 재주를 얻은 사람은
더 이상 갈고닦음을 하지 않고 중단하는 경우가 매우 많습니다.
그러나 하늘은 그 특별한 재주를 닦는 일을 더 정진하여
마침내 천하에 그 이름을 떨치게 돕는 것이니
그 큰 뜻을 헤아릴 줄 알아야 할 것입니다.

소인배들은 마음이 금방 흐트러져 절제하지 못하고
툭하면 하늘을 원망하여 평생을 방황하다
뜻을 이루지 못하는 일이 다반사입니다.
또한 절제한다고 말해도 실상은 음식의 절제를
깊이 이해하지 못하니 안타까울 노릇입니다.

비록 태생적으로 작은 몸을 갖고 태어난 사람이라도
소식하고 먹는 것을 절제하며 엄격하게 통제해야 할 것입니다.
이런 사람은 마음의 흐트러짐이 없어
작은 몸으로도 자신이 원하는 것을 이루고
덩치 큰 사람도 아랫사람으로 부리는 복을 누리게 될 것입니다.

이렇게 마음이 흐트러지지 않으면

어떤 일이든 깊은 본질을 꿰뚫어 보는 힘을 얻게 되니

어떤 일에서든 극에 달할 수 있음은 의심의 여지가 없습니다.

그러므로 먼저 먹고 마시는 것을 절제하고

그 위에 선한 일을 행해 돌고 도는 행운을

불러들여야 할 것입니다.

행운은 세상 여기저기로 돌아다니며

돌고 도는 형국을 하고 있음을 알아야 합니다.

더불어 행운과 불운이라는 것이

모두 자기가 한 일에 따라 기필코

찾아오는 것이란 사실을 알아야 합니다.

운은 언제든 보답합니다.

좋은 일, 선한 일을 하면 그 은혜가 돌아옵니다.
불운도 이와 같아서 이것이야말로 천지의 이치입니다.
운이란 것은 모두 이동하고 움직입니다.
비록 작은 선만을 베풀어왔어도 이것이 차곡차곡 쌓여
그것이 운으로 드러날 때
자신이 원하던 것이 천하의 대업이라도
이룰 수 있게 될 것입니다.

바로 이 시점에서 더 이상의 가난은 없어질 뿐 아니라
가난이라는 적도 사라지는 시점이 되는 것입니다.
옛말에 '선한 사람에게는 가난이 없다'라는 말이
괜히 나오는 것이 아닙니다.

어려서부터 운이 나빴다고 생각한 이가 찾아왔습니다.
자신은 평생 천운이라는 걸 받아 본 적이 없는 것 같다고 했습니다.
자신의 관상을 깊이 들여다보고
숨김없이 모두 이야기해 달라고 청해 왔습니다.

사실 그 사람뿐만이 아닙니다.
세상에 많은 사람이 자신은 운이 없다고 한탄합니다.
하지만 사람으로서 운이 없는 사람은 없습니다.

또한 '운이 나쁘다'라는 말은 없습니다.
목숨이 다할 때라야 운이 없어지는 것입니다.

생명이 있는 한 누구에게나 행운이 있습니다.
다만 살아 있는 동안 더 좋은 운을 많이 얻고 싶거든
아침 일찍 일어나십시오.
아침에 일어나 하는 모든 일에 정성을 다하고
모든 만물이 소생하는 새벽의 강한 기운을
온몸으로 모두 누리십시오.
또한 음식을 절제하는 것을 그 습관에 더하면
원하는 것이 천리(天理)에 이뤄지고 점차 운이 열릴 것입니다.

운이란 사람 됨됨이에 따라 이리저리 달라지는 것이 아니라
자신이 하는 일에 마음을 얼마나 집중했는가에 따라
달라진다는 것을 기억하십시오.

절약에 힘쓰는 일 때문에 사람들 사이에서 욕을 먹고
하인들을 교육하는 것에도 어려움을 겪을 수 있습니다.
누군가는 절약하는 일을 그만두라고 조언하기도 하고
그러다 보면 '그만 둘까'라는 생각이 들 수도 있습니다.

그렇다면 생각해 봅시다.
절약이 인색한 행동입니까?
사람들은 절약하는 것을 인색한 사람으로
여기는 경향이 있습니다만
이런 생각이야말로 옳지 않은 발상입니다.

진정한 절약의 차이를 구분하지 못하고
그저 모든 것을 작게 줄여서 하는 행동인 줄 착각하는 것입니다.

다만 절약을 잘못 사용하는 주인이 되면 안 됩니다.
하인들이 먹을 음식을 제한하는 것은 절약이 아닙니다.
다른 사람보다 월급을 덜 주고 부리는 것은
절약이나 검소함이 아니라 인색한 것입니다.

그런 주인 밑에 있는 하인들이
주인 몰래 음식을 더 먹고 감추는 것이며

돈을 훔치거나 주인이 없으면 언제든 그 즉시 흐트러집니다.
또한 주인 없는 곳에서 주인을 험담하기 일쑤니
세상 사람들이 주인을 나쁜 놈이라고 생각하게 됩니다.

이런 사람이라면 절약이 더 이상 절약이 아닙니다.
절약해서도 안 되는 사람입니다.

이런 경우가 아니라면 천지의 덕이 담긴 만물을
낭비하지 않는 것이 매우 올바른 처신입니다.
또한 먹고 마시는 것에 절제하는 마음가짐을
기본으로 놓고 절약까지 염두에 두면
집이 안정될 뿐 아니라 집안이 평안해지고
그 집안사람 모두 이 일을 실천하면
세상 사람들의 존경까지 저절로 모이게 될 것입니다.

음식을 절제하면 혈색이 좋아지는 것이 사실입니다.
그러나 '운이란 것은 저절로 열리는 것이 아닌가?'라고
생각하는 사람은 음식이 근본적으로 몸을 살리는
원천이기는 해도 운과는 상관없는 일로 생각합니다.

이것은 하나만 알고 둘은 모르는 일입니다.
음식을 절제하면 몸이 건강해질 것을 알면서
건강해진 몸에서 기(氣)가 저절로 열리는 것은
알지 못하니 말입니다.

이렇게 몸과 기(氣)가 열려야 마음도 함께 열리는 것이며
이것으로 운이 열리는 것입니다.

누구라도 삼 년을 절제하면 없던 운이 드러납니다.
건강해지며 머리와 마음이 맑아져
하는 일마다 큰 힘을 두루 발휘하게 되니
성공과 출세가 당연한 열매로 저절로 열리게 되는 것입니다.
이런 이치가 들어맞지 않으면 세상에 신도 없는 것입니다.

어려서부터 나쁜 짓을 하지 않았지만
세상 사람들이 알아주지도 않고 도움도 주지 않는 것은
절제가 부족했기 때문에 벌어진 일입니다.
절제가 부족한 사람은 만물을 다스릴 수 없습니다.

물건을 하찮게 여겨 함부로 대하고
쉽게 버려왔기 때문에 그 만물의 대가가
자연스레 자신에게 돌아온 것입니다.
생명은 곧 음식입니다.
생명과 같은 음식은 어디에서 옵니까?
세상에서 옵니다.

그 세상은 땅이고 하늘입니다.
그러니 모든 물건은 그 재료가 되는 땅에서 얻은 생명입니다.

그럼에도 물건을 함부로 쓰고 버려왔으니
세상 만물이 그 행동의 대가를 돌려준 것뿐입니다.
세상 만물이 등을 돌린 사람에게
사람도 등을 돌려 그를 버리는 것은 당연한 일입니다.
평생의 운수 대통은 모두 절제에 달려 있으며
그것은 생명과 관련이 있기 때문입니다.

내가 단명할 사주를 하고 있어도
절제를 실천하면 장수할 수 있다고 말하는 것을 두고
'그렇다면 생명을 이렇듯 자유자재로 바꿀 수 있다는 말인가?'하고
의심하는 이가 있습니다.

생명이란 것은 원래 불생불멸입니다.
길고 짧음이 없는 것입니다.
그저 마음가짐이 올곧게 가득 차 있는 동안은 죽지 않는 것이니
이런 사람을 선비라고 부릅니다.
마음 아래 있는 단전에 올곧음이 가득 차 있는지는
모두 음식의 절제에 달려 있으니
수명이란 것도 움직이는 것이 아니겠습니까?

더불어 거친 식사만큼 중요한 것은 소금입니다.
소금은 몸을 튼튼하게 하기 위한 것이며 덕과 같습니다.
소금을 함부로 많이 먹는 사람은
아무리 인품이 좋아도 수명이 짧아지고 단명하게 되니
살림이 궁핍해지는 것은 당연한 결과입니다.

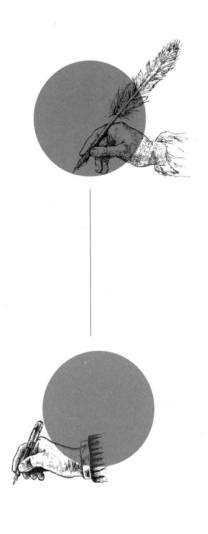

4.

그러므로
어려움에 관한
해답은

최근 몇 년 동안

밤낮으로 배가 아파 괴로운 사람이 있었습니다.

그가 여러 약을 먹고 신불께 기도를 드려도 좋아지지 않는 것은

과식해서 병을 얻었기 때문입니다.

신불께 정성을 다해 기도를 올리고 있으니

마땅한 보답이 있어야 한다는 논리는 성립되지 않습니다.

신께 기도를 하고 싶으면

자기 식사를 먼저 신께 바치고 나서 기도하도록 하십시오.

세 번 식사할 때마다

금식이라고 생각하고

두 번을 먹고 기도하십시오.

그렇게 하면 기도가 신께 닿을 것입니다.

선천적으로 질병을 갖고 태어나 식이요법을 많이 하다 보니

맛에 대한 감각도 적고 음식 먹기가 즐겁지도 않다면

이것은 꼭 질병 때문이라기보다

자기 몸이 필요로 하는 양보다 더 먹어서일 수가 있습니다.

몸의 기운이 낮으니 소화 기능도 약할 것인데

조금씩이라도 더 먹어서 그런 것입니다.

음식의 양을 지금보다 조금 줄이면
모든 음식의 맛이 일어나
더 좋은 맛을 느끼고 병도 나을 것입니다.
고기를 좋아하고 많이 먹으면 마음이 탁해지는 것은
세상 만고의 이치입니다.

이런 사람은 나이 들수록 더 사납고 성질도 고약해집니다.
언제나 자기주장을 앞세우고 남을 이해하는 마음도 적은 데다
그마저도 점점 좁아져 곁에 남아나는 사람이 없습니다.

또한 배불리 먹고 육식까지 좋아하면서
음식이 소화되는 신호를 허기진다고 착각해
금세 음식을 다시 채우기를 반복하니
그 성미는 거칠고 입에서 나오는 말도 함께 거칠어져
마음마저 옹졸해져 있으므로
작게는 가정을 다스릴 수도 없는 지경의 사람이 됩니다.

가정을 다스리지 못하는 이가
자신의 가업을 세우는 데 필요한 사람들을 어떻게 다스리겠습니까.
그러니 출세나 부귀영화와는 거리가 먼 인생을 살게 되는 것입니다.

고기를 많이 먹어서가 아니라

원래 세상에 태어나 사는 모든 이는

나이 들수록 희노애락(喜怒哀樂)을 겪을 수밖에 없으니

결국 부자나 가난한 사람 할 것 없이

'마음은 탁해질 수밖에 없는 것 아닌가?' 하고 묻는 이가 있습니다.

그러나 진정으로 사람을 탁하게 하는 것은 육식이니

고기를 먹고 나면 마음이 깨끗해지지 않는 것입니다.

땅에서 나온 것, 거친 음식과 채소를 먹고 나면

마음은 자연스레 맑아집니다.

이렇게 식사하면 마음도 함께 안정됩니다.

그래서 불교 수행자들이 세속에 물든 이를
부처님의 가르침으로 돕고자 하여
자신이 먼저 육식을 금하고 수행 정진을 하는 것입니다.
오직 많이 먹지 않아야
마음이 흐트러지지 않습니다.

하늘로부터 자신에게 할당된 음식을 잘 인식하고
무분별한 육식을 하지 않도록 하십시오.
고기가 앞에 있으면 순식간에 식욕이 생겨
무심코 먹게 되고 언제나 과식하기 쉽습니다.
이것이 벌써 마음이 흐트러진 결과입니다.

후손을 위해 유산을 남기기를 희망하고 있습니까?
이것을 달성할 수 있을지 궁금합니까?
딱 잘라 말해 이것은 크게 잘못된 생각입니다.

자식에게 유산을 남겨 주기 위해 계획하고 희망하는 것은
부모의 자비가 아닙니다.
이렇게 하면 자식에게 오히려 원수가 될 수 있습니다.
아무리 재산이 많아도 절제가 부족하면
금방 재산을 잃을 것이고 집안을 몰락시킬 것입니다.

결코, 배불리 먹지 말 것

자손의 번영을 바라고 희망한다면
첫째도 둘째도 부모가 먼저 정직을 기본으로 삼고
평소 절제하는 모습을 보여 스스로 배우도록 가르치고
음식을 낭비하지 않으며
그 자식 역시 음식을 낭비하지 않도록 철저하게 가르치는 일을
가장 큰 유산으로 삼아야 합니다.

이런 것을 바탕에 두고 자식에게
따스한 마음과 친근한 관계를 더해 가야 합니다.
이런 검소한 행위를 집안의 가훈으로 자식에게 물려주는 것이
가장 훌륭한 유산이며
진정으로 가치 있게 베풀어 줄 조상의 자비로움입니다.

결코, 배불리 먹지 말 것

초로(初老 노년에 접어든 나이)에 접어들어도

여전히 몸이 안정되지 못하고 장수하고 싶다면

마시는 것을 절제하고 그 양을 엄격하게 조절해야 합니다.

이것이 복록수(福祿壽 복과 행복과 수명)의 기본입니다.

기본이 흐트러지면 결과가 안정될 수 없는 것입니다.

그렇다면 금은보화보다 더 귀한 것이 음식입니다.

사람은 음식으로 생명을 유지합니다.

목숨이 없으면 부모에게 효도할 수 없고

처자식을 돌볼 수도 없겠지요.

세상에서 음식만큼 귀한 것은 없습니다.

사람이 생명과 함께 받은 것이 음식이기 때문입니다.

태어나서 죽을 때까지 먹다가, 먹지 못할 때

수명이 다해 죽음에 이르는 것입니다.

자신이 받은 음식을 모두 먹어 치우고 나면

결국 본래의 모습으로 돌아가는 일로써 죽는 것입니다.

따라서 매번 한 입이라도 더 먹으면
그만큼 자신의 복록수를 해친다는 뜻입니다.
절제하는 일이 곧 사람에게 복록수를 지키는
유일한 방법입니다.

자신이 평가받을 때 좋은 결과를 얻고자 하는 사람이나
자신이 어떻게 될 것인가를 알고 싶다면
먼저 스스로 먹고 마시는 것을 절제하고
만전을 기해 이 실천을 3년 동안 지속하면
자신의 그릇의 크기는 저절로 드러나게 됩니다.

나는 항상 이 방법을 통해 자연의 운명을 스스로 체득하고
세상 사람들의 운명을 점쳐왔습니다.
이것이 바로 지금 내가 얻고 있는
관상 감정사로서 명예를 가진 방법입니다.

스스로 실천하지 않고 어떻게 사람의 길흉을 감별할 수 있겠습니까?

결국 관상을 감별하는 탁월한 능력은
자기 자신의 겸손에 있다고 볼 수 있습니다.
이것 말고는 달리 표현할 아무런 말이 없습니다.

결코,
배불리 먹지 말 것

南北相法極意
[口語版]

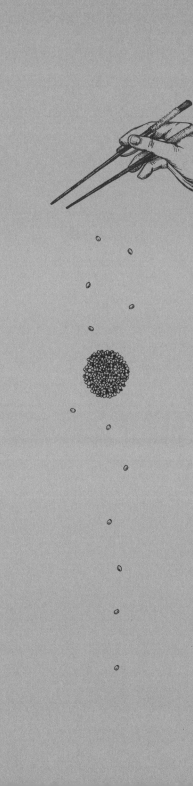

日本語版

A Thousand Years of Wisdom
No.4

南北相法極意(口語版)

A Thousand Years of Wisdom

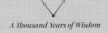

A Thousand Years of Wisdom

SINCE **1812**   PUBLISHED YEAR **2025**

成功と幸せを手に入れたいなら！

南北相法極意
［口語版］

200年の間、なぜこの本は絶版にならなかったのか？

水野南北（mizuno namboku）

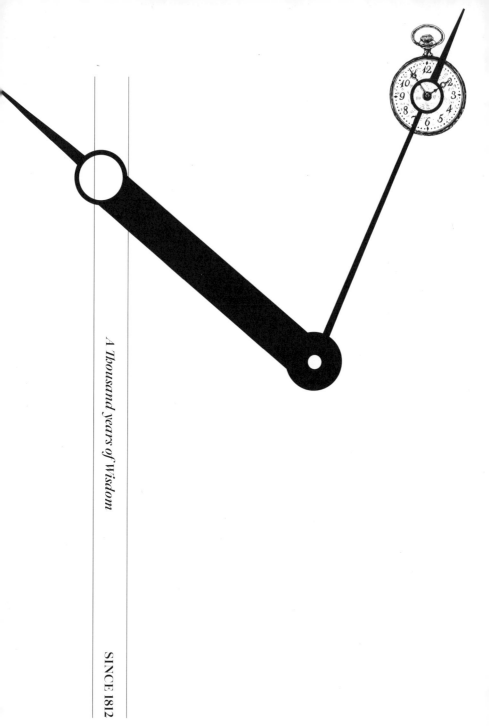

A Thousand years of Wisdom

SINCE 1812

序文

には金持ちで身分が高く、長寿の顔つきでありながら、貧窮し命が短い人
がいる。
方、その逆に貧窮短命の顔つきでありながら実は富裕で高位、しかも長命
の人がいる私は食の重要さを理解せず、これらの見極めができなかったこ
とが多く、残念に感じていた。
そんな中、私は食の大切さに、はっと気づいた。
人間の運の良し悪し、幸せ・不幸せは、第一に飲食を節制するかどうかで
決まることがはっきりした。この気づきの後では、私は飲食を節制するよ
うに、世の中の方々に伝えるよう努力してきた。

そしてこの方法を実際に行った人たちの結果をここで振り返ってみる。
ある人は一年前、人相から大きな災難があると判断したが、飲食節制を毅
然と実行、この大難を免れた。
そればかりでなく、却って幸せに巡り合えている。
或いは生涯貧窮の人相の人が飲食を節制した結果、相当の富を得て、現在
は大きく世の中に貢献している例がある。
また長らく病弱で寿命は短いと思われていたが、朝晩、飲食を節制した結
果、心身健やかに長寿を保っている人は少なくないこのような事例は枚挙
にいとまがない。

これ以来、私は人相の判断をする際に、その人の飲食の状況を訊くように
している。この状況によってその人の一生の運の良し悪し、幸せ・不幸せ
を伝えているが万に一つも失敗することがなく、人の運命はすべて飲食で
決まることを確信した。そしてこの方法を私の人相判断法の奥義と決め
て、かつこれをただ口頭で人々に勧めるだけでなく、自分自身率先して実
践することにした。すなわち一生、米飯を口にせず、一日に麦一合五勺を
食べるだけとした。酒は私の大の楽しみだが、これも節制して一日一合と
した。この方法は私一人の為のものではない。世の中の人がこの書を参考
として、一日でもはやく飲食を節制し将来の立身出世と長寿を得られるこ
とを、私は切望してやまない

文化九年壬申 (みずのえさる)年
水野南北居士謹誌

contents

I.

その一

食べる量の多い、少ないから
富裕、貧困、寿命、苦楽等、
人生の行く末、運命を知る

・ここで述べることは主に体を酷使しない人を対象とする。肉体労働者のように体を多く使う人は、その働き具合に従って最適な食事量に上下がある。また体の使い方の多い、少ない、強い弱いによって、その人に分け与えられる食事の量も変わってくる。

・金持ち、貧乏ともそれぞれ各自の割り当てに応じて天から食を与えられる。このように人は天からの授けもの、天禄を得るのだ。すなわち命とともに得るのは食である。従って命あれば食あり、食あれば命あると言うことだ。命は食次第である。食は命を養う元であり、一生の幸運、不運は食から起こる。おそるべきなのは食である。節制すべきは食である。

・食べる量が、割当られた配分より少ない人は、人相が悪くても幸運である。それ相当の幸せを得て命が短いことはない。老いては幸せとなる。

・食べる量が、割当られた配分より多い人はたとえ人相が良くても、様々なことに不備が生じ、手遅れになることが多い。生心労が絶えることがなく、老いては不幸になる

・食べる量が、割当られた配分通りの人は、幸運不運が人相に表れる通りで、特に良い悪いと言うことはない。

・割当られた量よりも美味を好んで食べる人は、たとえ人相が良くとも多いに不幸である。節制しなければ家庭を壊すことになる。また出世、発展はない。貧乏人は苦労だけして成功することはない。一生、他人を恨んで終わる。

・初物を好んで食べる人は、たとえ幸運の人相があっても、家庭を崩壊することになる。貧乏人は徳がなくなり、最後には行方知らずになる

・常に割当られた配分よりも粗食をする人は、たとえ貧困の人相があってもそれ相当の幸運の分け前がある。長寿で老いては幸運となる。

・食べる量を厳格にコントロールする人は、たとえ人相が悪くても立身出世し、それ相当の幸運の分け前がある。一生、家計は安定し、老いては幸運である。

・少食で、食べる量を厳格にコントロールする人は、たとえ貧悪な人相であってもそれ相当の幸運の分け前がある。長寿であり、さまざま出来事も、たいていうまく回っていく。老年は幸福である。弱弱しく見えても病気になることはない。

・食べる量が安定せず、コントロールしない人は、たとえ人相が良くとも不運である。節制しなければ一生、安堵感を得られない。

・大食で食べる量をコントロールしない人は、論外である。一生、生活が不安定で、最終的には家庭を壊し、また病気になる。
もし人相が悪ければ次第に不幸な出来事が重なって、良い死に方はしない。

・食べる量をコントロールしていると言っても、時折少しでも不安定になれば、天与の分け前も不安定となる。食べる量が安定していれば、分け前も安定する。ただ厳重にコントロールすることが、幸運につながる。

・金持ちと言っても、主人が大食暴食すれば、その家計は長続きしない。またその主人に準じて使用人もことごとく大食であれば、その家が滅ぶのは早い。-7

・女性が大食の場合、夫と争いごとが起きる。夫婦関係が軽んじられる。すなわち女性が大食ならば、男性の食事はいい加減になる。そのため、女性は気が激しく、夫と対立する。また夫が強い場合、対立はしなくとも、夫婦関係は疎遠になる。

・常日頃、食べる量をコントロールしている人が、自然のうちに食べる量が乱れ、不安定になった時は異変があることの前兆である。早急に厳重なコントロールをすることによって運は好転する。

・家計がそれ相応に安定している人であっても、日々、人を集めて美食にふけり、節制できない場合は家が滅びる時がきたと心得るべきだ。あるいは主人が早々に引退することの前兆である。

・姿かたちが厳格に見えても、食事が乱れ、それが続く人は、心は厳格ではなく、必ずと言っていいほど、虚飾家で、見てくれだけの人である。

・常に少食を心がけている人は、病気のかかりはじめに食事をしなければ血色がよくても死ぬことがある。これは食事の割当が終わって、自然に滅ぶことであるので罪はなく、病気であっても苦しみはない。

・身分が高くても、身分低い人のように粗末な食事を好んで、かつそれを大食する人は、心が賤しく、この世を去るのもまた早い。

・人にはそれぞれ食べる量に割当がある。身分の低い人はバランス食が基本で一飯一菜が通常の食事である。身分の高い人は粗食をする立場にはないが、節制してバランス食を取り、少食を心がければ家運は長らく続く。これによって自然のうちにその家庭の食べられる割当を増やすこととなり、子孫にもその割当を残すことになる。そして幸福に過ごし、病気になることもない。

・命があると言っても、食事ができなくなってしまう人たちも多い。寿命の長短を人相観察によって判断するのは難しい。日頃の食事から判断することが万に一つも失敗がない。従って病人の運命を判断するときは、まず日頃の食事の様子を訊くべきだ

・無病の人相をしていても、若いころから日々美食をしている人は、年を取ってから胃腸病にかかる。人相の良いことに迷って幸運だと認識してはいけない。

・老年に凶悪の人相があっても、若いころから食事を節制している人は、年を取ってから必ず満たされた生活を得られる。従って、老年の凶悪は避けられる

・子供に恵まれない人相でも、若いころから食事を節制している人は子供無しとは言えない。必ず、良い養子に恵まれる。

・若いころより食事を節制していれば、その食の割当は天地に延び、子孫に反映され、自分自身も満足できる。自分自身が亡くなっても、自分の霊魂には食を割当できる子孫がいるのだと認識せよ。

・裕福な人でも食べる量が完全消化されたら、その割当は無くなる。裕福であっても、貧者のように食事を節制すれば、割当は残る。驕る者は久し

からずと言うことだ。
・幸せな人相であっても食事を節制しなければ、幸せになれない。ただ食事を節制することによって、命を保つことができる

・たとえ貧窮で短命の人相であっても、思慮深く、食物、その他のものを無駄使いしない人はその分だけ食物、その他は、自ら天地に延びて、それ相当の幸福も命も伸びるのが道理である。

・大いに発展する人相があっても、常に酒食を好んで仕事を怠る人は、発展を逸楽に変えてしまう輩であり、自分自身の命の割当を食いつぶす人間である。食事は発展の元である。これをみだりに食いつぶすと、最終的には発展の根本を失うことになる。必ず食を軽んじてはいけない。食は恐るべきことなのだ。

・常に大食する人は、食事で腹が満たされる。その為、病気のかかりはじめからべることができない。食べられないので、あたかも餓死するようにして大いに苦しんで死んでしまう。少食の人は食が自ら天地に延びて、病気になっても食べられないことはない。命が終わっても、食の割当は終わらない。食べられれば命がある。そのため、簡単に死ぬことはない。食事ができなくなるに従って死ぬことになる。それゆえ少食の人は大病せず、死ぬ時も苦しむことはない。

・食べる量を適量決め、コントロールしても、日々の食事を自身の割当量より多く取る人は、たとえ発展の人相があっても、発展しない。

・多くの給与を得る人相をしていても、給与が増えるとは限らない。すなわち自分の割当に応じて食べることが完璧な姿だ。上官には上官の食事があり、下官には下官の食事がある。下官が上官の質、量を食べるときは、食においてその地位を満たしてしまう。そして給与が昇給することはない。たとえ人相が良くとも美味にふける人に発展はない

・常日頃の仕事だけで稼ぐのでは立身出世はない。ひたすら倹約をして、大食をせず、少しでも天から与えられた食の割当量を増やし、これを元にして立身出世を目指すほかに道はない。衣食を充実させ、やりたいことを十分やってその上で立身出世を望むのは愚かなことだ。繰り返しになるが、食事を節制すべきだ。物質面では不足しても、それによって精神的に

は充足されるのだ。物質面で満足して、その上、精神も満足させられることは、この世にはない。

・人が高貴になるのも、賤しくなるのも、全て飲食を節制するかしないか次第だ。高名な僧侶が世の中で高貴な身分として尊敬されるのも、ただほしいままに食べることはせず、慎み深いからである。もし彼らが節制せず、大食暴食をすれば、これは天が憎むところであり、誰が尊敬するものか

・自身の割当分よりも大食する人の運はよいものではない。何事も思い通りにならず、思いがけない損失が多い。そもそも天から得た食の割当には際限がある。これより余計に食べるときは、日々天に食の借りをしている。食いつくした食は、みな糞便となって、再び世に戻ることはない。いつこの借りを返すのだ。他人は催促しないが、天はこの借りを取り立ててくる。あなたが
返さないなら、子孫が取り立てられる。子孫がいない場合には、その家を滅ぼして、家系を絶やす。借りたものを返す、これは天地の理である。従って割当よりも大食する人の運は良くない。不意の災禍や損失が多い。これはみんな、天があなたを戒め、幸運を取り上げると認識すべきだ。

・厄年に大難に会う人相であっても、常に食に思い上がった態度をせず、厳重にコントロールする人は厄難を避けられる。これに反し、暴食をする、あるいは不安定な食事をする人は、必ず厄年に障害が発生すると心得よ。酒肉の食事が多く、肥満になった人は、一生出世、発展することはない。節制しなければ老いてから不幸が訪れる。すなわち、酒肉によって血液が増加し、心気は自ずと緩んでくる。心気が緩んで、その境遇が発展する人はこの世にはいない。

・酒肉を食べなくとも、美味な食事を多く取る、あるいは大食をする人は、満腹の後、気が重くなり、自ずと眠気を覚えて心気が緩み、次第に潜せていくことになる。結局、病気になって死を迎えることになる。繁栄する場所では、美味肉食が日常で、生き物を殺してその肉を食べる人が多い。従って人の気質も自ずと荒く、心得違いに陥る人が少なくない。一方、山村では常に粗食をする人が多く、人の気質も穏やかで、悪人は少ない。また都会では短命の人が多く、山中では長命の人が多い

・幼児に貧悪の人相があっても、親の行いによってこれを改善できることを心得よ。もっとも、貧悪の相が幼児の未だ生まれる前の因線に基づくこともある。この悪因を解くには陰徳を積む外はない。私は日々、食べるべき食べ物の半分を食べないで、自分の割当を天地に延ばしているが、これは私以外知る人はいない。これこそ真の陰徳だ。日々このように陰徳を積めば、子孫の
悪因を解き、同時に自分の悪い運を除けることは明白だ

・親孝行の人相があっても、平生大食暴食をする時は、最終的には病気になって、父母から授かった賜物である命を失う。世の中にこれ以上の不孝はない。従って食を節制し、これを厳重にコントロールするのは親孝行の初歩である。ただ飲食を節制することを心得ている人は、たとえ無学であっても人の道に沿っている。

・人相の幸運、不運を論議せず、自分の将来の立身出世がどうなるのかを知りたいと思うのなら、まずは食事を減らし、日々これを厳重にコントロールすべきだ。これを容易にコントロールできる人は必ず立身出世するし、それが難しい人は、一生立身出世の見込みないと心得よ。

・たとえ富裕な家の家運がなくなり、滅亡に近づいている場合でも、もし後の世代の主が自分の食事を減らし、これを厳重にコントロールする時は、減らした分だけの割当を天地に伸ばすことになる。これによって、自ずと収入も伸びて、再度その家は隆盛に向かう。

・たとえ貧窮の人相があっても、貧窮者のようなバランス食を取り、かつこれを厳重にコントロールするときは、自ずと貧窮を免れて、それ相応の金銀を得られる。これを自福自徳という。

2.

その二

問

先生は飲食を厳重にコントロールする事だけを言って、人の運不運を話さない。

運不運を説明しないのは、人相鑑定師の体裁だけであって、用をなさないのではないでしょうか? 過ぎたるは及ばざるがごとしと言います。願わくは運不運について説明してください。-19

答

人相学は心身を整え、天下を治める為の王道である。ただ、心身を養う、その元は食である。これを厳重に節制しなければ、心身を厳重にコントロールはできない。心身が厳重にコントロールできないならこれを整えることもできない。これが飲食のことを論じる理由だ。

問

先生は飲食のことだけを論じています。食物は穀倉に満ち溢れています。これは人命を養うための食物ではありませんか? この食物を十分に供給しなければ、食を欲するだけの思いが募り、生れながらの餓鬼道に陥るのではないでしょうか。

答

人命を養うための食物と言っても大食暴食をすれば、草木に肥料を過剰に施す場合のように、その食によって人命を損なうのだ。また粗食をしてそれ相応の栄養を取る時は、草木がよく成長するように病気もせず、自ずと長寿を得られる。これを分かっていながら大食暴食をする人は自の良い命を的にして矢を放つようなものだ。これはすべて賤しい心から起こることだ。これを眼前の餓鬼道と言う。また人面獣心とも言う。

問

人間が食べるべき食べ物を食べず、麦やそばさえ十分に食べないのは、生きながらの餓鬼で、悲しいことです。

答

天皇陛下であっても差し上げ奉る食は米である。そして下の人の食も米である。これは恐れ多いことではないか。日に三度食べてもなお満足せず、麦を食べれば餓鬼だと思うのは実に自分の身分を心得ていないと言うことだ。よくよく自分の身分を振り返ってみれば、我々のごときは、豆腐の粕

を食べても身分不相応で、傲慢な食事である。これを考えれば、米や麦を食べられるのはこの上もなくありがたいことだ。神仏のご加護を得るためにも、せめて麦だけでもと見た目に囚われることは慎むべきである。

問
私には大望があります。その為、常日頃、美味酒食をして、元気満々、天下で活躍しようと思います。粗食の時は元気がなくなり、物事がうまく行きません。この考えはいかがでしょうか?
答
俗に元気満々と言うのは、すべて強気で、無理に非道なことを敢えてすることをいう。酒肉に満足して、暴食をし、元気溢れると見せて立身出世しても、もとより天理に背くために長続きはしない。ただ慎みを以て立身することによって始めて長続きができるのだ。食事は普通の人には節制が難しいものだ。その節制が難しいところで、敢えて慎むことで一般人に勝って、立身出世があると言うことである。

言

問
私は、若いうちから幸運で、大いに富にも恵まれました。ところが近年は運が悪くなり、年々財産は無くなり、何事をするにも、幸運に巡り合えません。どうすればいいでしょうか?

答
あなたは、若いうちから、満足な生活若いうちから、満足な生活を送ってきたが為に、自から運を損なうことになっている。

早い時期に欠くこと、すなわち節制することによって運が開ける。
自分から節制しなければ、やがて天から自然に欠乏する境地を強いられる。天から欠乏を強いられる時は苦しみが多い。

一方で自分から欠く、すなわち節制する時は苦しみが少なく、また充足の時期が到来するのも早い。あなたには貧窮、そして独立の人相がある。

つまり元々財宝がある立場ではなく、皆稼ぎ出した福と言える従ってその

元の貧心に帰るべきだ。
あなたはその根本を忘れて、驕った気持ちになったので困難にあっている。
根本を忘れる人が、その行く末を失うのは当然のことである。

あなたの使用人をいたわる際は、常に我が子に接するように、三度の食事も上下の隔てなく一緒に食べ、ただ自分の家が栄えることを願うべきだ。
仕事の上で、物品が消耗していないかチェックして、たとえ消耗品があってもみだりに使用人を叱らず、あなた自身は節制してむだな消費をしないこと。
そして食事は厳重にコントロールして、三度の食事の他に、使用人に食べ物をあげることはしても、あなた自身はこれを食べてはいけない。このようにして節制し、三年過ぎれば、家運が再度上向くことは間違いなしである。

問
私は近年病気が多く、次第に困窮しています。親族は多いのですが誰ひとり私を助けてはくれません。

答
人に頼ることは大いに間違っている。人の運不運はあなた自身の慎み次第に依るもので、他人の関知することではない。総じて世の中においては、我々を助けてくれる人は多い。恐れ多くも天皇陛下は私たちの安全を守ってくれる。農家は五穀を作って我々に供給してくれ、職人はいろいろの道具を作り、商人はサービスを提供する。天皇陛下から庶民に至るまで、みんなこのように我々を守ってくれる。従って我々がもし、節操なくいたずらに月日を過ごし、万物を無駄に浪費して、みだりに思い上がりの気持ちで食するようなことがあれば、たとえ人相がよくとも天下の理に反する。最後はあなたのように五臓が腐って貧病になる。

これは万物の徳を知らずに、慎みが足りないことから自ら招く禍なのだ。
何で他人があなたに関心を持つと言うのか？
ただ深く慎んで食物を節約し、倹約を守るべきである。

問

人間はその家業に励むのが基本です。食は末節のことです。ですので、一般の人には家業のことも話してください。

答

家業に励むべきことは論を待たない。

しかし常日頃、酒肉を楽しみ、飲食にぜいたくをした結果心も自ら緩んで、今日も家業を怠る。

また明日も気分が悪くなって家業を休む。日々このように過ごしてついに病気になる。

これはすべて慎みが悪く、食事をコントロールできないことが原因だ。

食が厳重であれば、心も自ずと厳重になる。心が厳重でなければ家業に励もうと思っても、実行できない。それゆえ、食を節制することが基本なのだ。

問

食は最高の楽しみです。食べたいものも食べずにこの世に生きるのは、無意味ではないのですか?

答

まずは立身出世し、楽しめるだけの資産を得てその後にはじめて飲食を楽しむべきだ。最初から飲食の楽しみを極めるから、最後は天から貧賎の苦しみを与えられるのだ。口はトイレの入り口だ。

一旦口に入れたものは、吐き出せばその汚いこと、糞便のようなものだ。だから余計に食べた

いと思うときは、まずは食べ物をトイレに捨てることを想像してみるべきだ

それでも節制できない時はご飯一杯をトイレの糞便の中に落としてみよう。たとえ人面獣心の人でも、おそらくは快く、糞便中に捨てることはできないはずだ。慎みの悪い人は日々食べ物をトイレに捨てているも同様だ。

ああ、何と恐ろしいことか。なお、美食を存分に取っている人は多大に命を損なっている。そのため、地位が高く、裕福な人に短命が多く、粗食をしている貧者に長命の人が多い。この点を深く省みる必要がある。

問
我が家のネズミは、人を恐れずに日中現れることが頻繁にあります。これは運不運と関係がありますか?
答
大いに不吉である。これはあなたの家が不調に陥り、何らか災いがあるか、家が滅びるかの前兆である。その原因はすべて、その家の主の慎みが足らないことにある。改めて人相の良し悪しを述べる必要があると言うのか?

責任は全て自分自身にある。これが私の人相鑑定の奥義である。人相判断をするまでもない。早く帰って節制しなさい。

問
私には運がなく、大いに困窮しており、この頃は神に祈りを捧げています。この願いはかなうでしょうか?

答
千日千夜、祈っても、あなた自身に誠の心がなければ、決して神に願いが届くことはない。
もし誠の心を以て祈ろうと思うのなら、あなたの命を神に献上するようにしなさい。そもそも、食は、あなたの命を養う根本である。従って食を神に献上することは、すなわちあなたの命を献上するのと同じことになる。
いつも3杯ご飯を食べるのなら、2杯にして、あとの1杯は神に献上しなさい。

日々食卓に着く際、あなたが念じる神仏を心の中に映し出し、ただいま3杯のご飯のうち一杯を献じますと祈り、残る2杯を食べれば、残りの一杯を神はたちまちにして、受け入れる。
神は正直の頭に宿られると言う。濁った心を持つ人は受け入れない。ただ誠の心がある人の志を受け入れるこのようにして祈る時はどんな願いも成就しないと言うことはない。

問
先生は日々、心平穏に陰徳を行い、神に祈ることを教えてくださると聞きました。
願わくはこれを手に入れさせてください。

答

大変良いことである。日々、茶わんに入れる食べ物は、たとえ少しであっても、これを茶わんの底に残し、自分が信じる神仏に献上して、加えて生きている人にこれを施すのは陰徳であり神仏はこの行為を悦ばれる。

茶わんの底に残した一口分をあなたが食べたところで、どれほどのことであろうか。これを施すことは大いなる慈悲である。但しこれを別に施すことは罪となる。

ただあなたの食べるものを節制して施すことは本当の陰徳である。もしできるのなら、食事のたびに茶わん半分節制してこれを施すべきだ。

このような時は腹具合も調子よく、病気にかかる心配もない。

三度の食事をこのようにして節制する時は1日に1合分の陰徳がある。

年に三斗六升、十年に三石六斗分、天からあなたに与えられる割当を延ばすこととなる。

これを基礎として立身出世しなさい。自分から徳を延ばさなければ天から福徳のめぐりが来ることはない。

問

占い師は、私の人相を見て、誰もが幸運の人相があると言います。しかしながら、私は貧乏で、大いに生活に困窮しています。

これはなぜでしょうか。

答

人相は生き物である。幸運な人相の人が、すべて幸せな境遇にあると言うことであれば、人相は生きたものではないと言うことになる。これでは論じる必要もなくなってしまう。幸運な人相も慎みが足りなければ貧しい身となり、逆に貧相な人も自分の慎み次第で幸運な人相に変化する。

これこそ人相学の素晴らしいころである。従って、私は人相学を駆使しての運不運の判断をあまりしないことにしている。ただだ、この世の明徳を説明し、心身を安定させることを唯一の方法としている。私が人相を見て、吉と言えば、相手はこれに乗じて悦びつつ、徳を損なうことをする。

方で凶と話せばこれに屈して塞ぎこみ、発奮の気概も失うのは小人物にありがちなことだ。そのため、人相占い師に幸不幸を判断させようとするのは良いことではない

占い師には、ただ自分の身を律して、家庭をまとめていくことだけを訊くべきだ。自分の人相を貧相であると認識して、節制を第一優先にして天地の徳を積むことだ。こうすれば貧相の人も幸運な人相へと変化し、凶も吉となる。

問

先生はただ生命と飲食とを論じて儒教の説く、五常 (仁・義・礼・智・信) の道
徳についてはお話しされない。生命はすべて飲食次第とはその通りだ。しかし、人は五常の徳を守らなければ、自分自身を律する事ができない。いかがでしょうか。

答

五常は技法である。人はただ天地の徳を基本とする。すなわち生命は天の徳であり、これを養うのは地の徳である。従って我々を育てあげるものは天地双方の実り豊かな田地にある。一旦天地の徳に気づいた時には、自然に父母の恩徳を知ることになる。そして父母の恩徳が理解できた時は、生命飲食を尊重することになり、五常の技法は自然と備わってくる。

問

真の陰徳とはどんなものですか?

答

真の陰徳とは五穀が大地に廃れても、必ずしもこれを厭わず、食は腹に程よいと思えばそれ以上、余計に食べることはせず、少しの物でも、無駄に消費しないことを真の陰徳と言う。

世の中の人は一粒の五穀が大地で廃れるのを見て悲しむ場合でも美味なものがあれば、それでも余計に一杯食べてしまう。これは一粒の食が廃れるのを悲しみながら、一方で一杯のご飯が食べられるのを認識しておらず、かえって心身を苦しめ病気を引き起こす。わが身を知らないとはこのことである。

問

先生は多食を戒めています。しかし我々が客として招かれた時はお膳に出された物をすべて食べなければ食徳を損ないます。いかがですか?

答

これは大いなる誤りである。既に満腹にもかかわらずお膳に出されたものがたくさんあって、食べなければもったいないとばかりに、戸惑いながらこれを食べる。

これは食物がお腹の中に入って糞便となることを認識していない。ただ目の前の食べ物を食べないと無駄になると思うこと、これは大いなる間違いである。ある人はこれを食べずに他の人に譲る。譲る時は生きている人の命を養うことになるので、大きな慈悲となる。これは一見食を無駄にしているように思われるかも知れないが決してそうではない。

これを真の陰徳という。従って腹加減が十分と感じたら、それ以上は一口たりとも余計に食べてはいけない。これを食べるときは、物を無駄にすることと同様になって、あなたの徳を損なう。年々日々この徳を損なうことになって、出世する人は少なく、貧窮に陥るケースが多い。たとえ少しであっても、無駄になるものに一助を与えるのは真の陰徳であり、これを積みあげていけば、やがてあなたに朗報が訪れると心得てほしい。

問

人相占い師は、私を見て、野垂れ死する人相があると言います。本当でしょうか?

答

野垂れ死の事はすべて、あなた自身から発することであり、人相が原因ではない。

野垂れ死は、人間だけのことではなく、万物にある。従って慎みが足らず、万物を野垂れ死にさせるようにして、粗末に取扱う人は自然にそれが原因となって苦しんで死ぬ。これを転死と言う。天地は万物を生み出して、我らを救ってくれる。従ってこれを粗末に扱う人は、すなわち天地を軽んずることと同様だ。このような人は老年になって、苦しんで死ぬのは自然の節理だ。

道端で転死しないことは、端から避けがたいことである。

3.

その三

問

私は気分が悪くて食欲がありません。
食が進まなければ、心身を養うことはできません。これは病気でしょうか?

答

あなたは常日頃、食を十分に取り、満腹状態なので、食欲がないのである。例えば一日三食取っているなら、二食にしたほうがよい。また二食取っているなら一食にすべきである。食事は満腹にならなければ粗食であっても美味しく食べられ食も進む。
このように食を節制する時は日々、食欲が湧かないと言うことはない。節制せずに、十分に食べる人は、たとえ美味な食事であっても粗食のようなもので、味を感じられない。
万が一食欲がないと言うときは一日食事をやめてみるべきである。

一日食べなければ、おかずがなくてもただ塩だけで、食事は自ずと進むものだ。食で満腹にならない時には、気分は健やかで、心持が良いことはみんな知っての通りだ。これを知りながら大酒暴食をするのは、例えば火を愛する虫のようなものである。

問

私には子供がいません。どんなに節制して、徳を天地に積んだとしても、子孫がいないなら、誰にこれを譲れということになりましょうか?従って私は生涯、贅を尽くし栄華を楽しもうと思います。死後どうなっても苦しいことはないです。

答

その考えは大いなる間違いである。あなたの心は不生不滅だ。一度この世に生れた人には因縁因果というものがある。

あなたが現世において悪事を行った時は、後日生まれ変わった時、その報いを受ける。

また現世で善事を行えば、後に生まれ変わった時、その恵みを受ける。このことから言えるのは現世において積んだ徳は、すべて未来に持ち帰って、その徳を携えて再び生まれ変わると言うことだ。恐るべきは、現世である。

従って現世で飲食を節制し無駄使いをせず、陰徳を積む人は、即心弥陀と
なり、すなわち自分自身から我が身を救うこととなる。自身から行動しな
い限り、救いの道はない。

問

私は若いころから食事を節制してきました。しかし貧乏で何とか妻子を養
っての生活を過ごしました。食事を節制することの効用には疑問がありま
す。

答

今、あなたの顔を見ると、天からの分配が少なく、世間に食を乞い求める
人相である。
幸いにして若いころから食事を節制してきたので、天与の分配も自然と増
えて生涯食を乞い求める心配もなくなってきている。
もしこの人相のまま、食べることを際限なく欲する時は、たとえ裕福な人
であっても、天与の分配はすぐさま尽きてしまい、食を乞い求める身にな
ることは明らかである。

またあなたは孤独の人相をしているが、良い子供がいる。
子供は老いてからの食の分配の源泉となる。
たとえ、裕福に暮らしていても子供がいない人は老年になってからは貧窮
することになる。

あなたは若いころから食事を節制してきたので老年になってからは子供を
頼りにでき、食を地に乞い求める心配はない。
裕福でないことを嘆くことはない。
ただただ、身分相応に満足することを心得て、一層食事の節制に励み、自
分の天与からの分配を増やし、子孫のためにこれを残しておくべきだ。
自分が積み上げた徳はすべて自分のものであって、決して他人のものでは
ない。

問

食事を節制するには腹八分目が適切とい言いますが、どれほど食べること
が腹八分目になるのでしょうか?

答

食は、個人個人、それぞれの体の大小強弱、また仕事の多い少ないによって、割り当てられる配分も違ってくる。
ご飯を二杯三杯食べる人がいる。また四杯五杯食べてお腹が満たされる人もいる。その配分、割当に応じて食事量を決めるのは大いに結構だが、ただ若干でも控えめに設定するのが良い。

例えば三杯食べてお腹が満たされる人であれば、二杯食べるのが良いことだ。

これが腹八分目である。節制できない人は、この区切りを忘れて食べるものだから、食は腹に滞ってしまう。これを宿食と言う。実に万病の根元であり、悲運の根源である。
たとえ大人物で、知識があると言っても悲運で病身の人の多くは飲食を節制できない人である。恐るべきことだ。

問
先生は「親・子・孫の三代に渡っての救いは食の節制にある」と教えてくださいました。

しかし食上人 (出家後 ,米,野菜を食せず,木の実、山菜のみを食して修行する僧)は「私は過去の悪因を解いて、未来を救うために念仏三昧の生活に入る」とおっしゃいました。
これは大いに実践的です。なぜ、飲食を節制して三世代を救うことができるのか、その理屈を教えてください。

答
念仏の尊いことは限りなく大きい。しかしながら、念仏三昧の大和尚といえども、過剰な飲食をして、日常、自分の徳を損ない天地の徳を浪費するようであれば、世の中の人は少しも尊敬することはない。

菜食上人のような人は、自分の家もなく、布衣を着て、ほんとうに、まあ、あわれな体裁で村々を行き来するが、常に自分の食に事欠き、これを天地で増やす。結果、この徳はめぐりめぐることとなり、世の人はみんな上人の念仏を敬うのだ。

世の中で自分の身の慎みより尊いものはない。現世において飲食を慎み、

これを天地で増やすときは、うまく過去の悪因が解け、従って現世の幸福がもたらされ、臨終の際も自ずと安らかである。

臨終が安らかであれば、未来もまたこのように安楽に生きられる。このことから仏法には食を制限する方法があるのだ。これは現世を基にして未来を救うためのものだ。三世代を救うには飲食を節制する他には手立てはない。

問

先生は念仏のことは言いつつも、飲食を節制しなければ、仏の御心に沿わないと教えています。しかし私は多くの知識人に仏法の法義をお訊きしますが、未だに飲食によって仏法のご利益があることを聞いたことがありません。先生の教えとはいえ、このお考えは大いなる曲論ではないでしょうか?

答

仏法は心を安定させるのが、基本である。そして食を節制することがその出発点だ。飲食を節制する時には心は静かで乱れない。従ってその道を達成すること自ずとたやすい。
総じて飲食を過剰に取る時には心は自然と濁り、気は知らないうちに重くなる。

迷いの心が生じ、その道への到達はできない。このため、仏教修行者は、食を減らし、朝以外は飲食をしないのだ。また日夜念仏を唱えるとしても、心が動揺し、迷っていては、どうして仏の御心に沿うことができると言うのか?あなたに誠の心があれば、自分の三食のうち一食を減らして、これを如来に献上し念仏を唱えなさい。そうすれば心は静まり、安定し、仏の御心も叶い、その道への到達も早い。

問

私は世に名をあげようと、節制に励んでいますが、運は次第に悪くなって、大いに困窮しています。これを考えると、運不運は節制次第と言うのは間違いではないでしょうか?

答

一芸に秀でる人は節制が堅固であっても、天は一層困窮を与えることがあ

る。

これはすべてその道を精進させるための天の意思である。大人物はこれに心を悩ませず、ますますその道に精進するので、ついには天下に名をとどろかす。逆に小人物は心がすぐに乱れて、節制を怠り、天を恨むので、終生さまよい歩き、志を遂げることができない。

またあなたは節制していると言うが、未だ飲食を節制することを理解していない。たとえ小人物であっても、飲食を節制し、厳重にコントロールする時には心は乱れない。

心が乱れなければ、その道の本筋を歩んで、遂には極めることができること疑いはない。
このことから、先ずは飲食を節制し、その他あらゆる善事を行って天運を待ちなさい。運はめぐるものである。運不運は、すべて自分のしたことに従って巡り来る。また運は報われるものである。

あなたはが一度善事を行えば、その恵みは再びあなたに巡り来る。運不運ともみんな、このようなもので、その恵みが巡り来ることは天地の道理である。また運は運ばれるものである。あなたの行った善事がたとえわずかであっても、これを次第に積み重ね、運ばれる時は、遂には天下の大善事を達成するまでになる。ここから善者に貧窮の敵なしと言われるのだ。あなたは決して悲観すべきではない。

問
私は若いころから運悪く、大いに苦労しています。
生涯、私に備わった天運はないのではと思います。人相を観て戴き、包み隠さずお聞かせください。

答
あなただけではない。世の中の人の多くは自分には運がないと嘆く。人として運がない者はいない。

運が悪いと言うことはない。従って命が尽きる時は、運が減る。
いやしくも命ある限りはどんな人にも運はある。朝は早くから起きて日々の業務に精進し、なお飲食の節制を怠ることなければ、自ずと天理に叶

い、次第に運は開ける。これが開運である。運は人相次第と言うことはなく、自分の心を、携わる仕事にどれくらい注力したか次第と言うことを認識すべきだ。

問
私は倹約に努めておりますが、世間から悪口を言われ、また使用人の教育にも難儀しております。これからは倹約を止めようと思いますが、いかがでしょうか?

答
あなたの倹約はすべて、ケチな了見から発するものであり、まさに不吉な行いだ。真の倹約とは本末の違いを見分け、万事をつつましくすることが主となる。それにもかかわらずあなたはただ使用人の飲食を制限して、世間並みの出すべき給料も出さずにいる。

この行為は倹約ではなく、ケチと言うものだ。だから使用人はこっそりと金銭をかすめ、

他の場所で飲食に贅沢をし、世間の人はろくでなしとあなたを非難するのだ。

あなたのような人は今後、倹約をしてはならない。ただ、天地の徳によく思いをめぐらし、万物を無駄に消費せず、また使用人のことは脇に置き、自身は飲食を節制しなさい。
この心がけを基本として、何事も節約を念頭にあなたの家を安定させなさい。こうすれば、あなたの家は平穏となり、各自真の倹約を守れば、世間の人たち
もあなたを尊敬するようになる。

問
飲食を節制する時は血色もよくなり、運は自ずと、開くとおっしゃいます。食は根本から身体を養う元ではありますが、運に関係することではないと思いますがいか
がですか?

答
飲食を節制する時は、身体は健やかで気は自ずと開ける。気が開く時は、

これに従って運も開く。これは決して間違いではない。先ず三年節制をしてみてほしい。もし開運しなければ、この世界に神はいない。そして私、南北は賊となる。

問
私は若いころから、悪事はしなかったものの、世の人は私を見捨てて、用いてくれませんでした。これはいかがでしょうか?

答
あなたは、節制が不足し、万物をみだりに消費し、捨ててきているので、その報いが自然にあなたのところに来ているのだ。
そして世の人もまた、あなたを捨てると言う理屈だ。生涯の運不運はすべてあなたの節制次第にかかっている。

問
先生は、いつも「短命であっても、長寿にすることは自在にできる」とおっしゃる。本当にそうでしょうか?

答
命は不生不滅で長短はない。ただ心気が丹田に満ちている間は死ぬことはない。
このような人を仙寿と言う。心気が丹田に満ちるかどうかは、すべて飲食の節制次第だ。

問
さまざまな食事の中で五穀の他、何が大切ですか?

答
塩である。塩は身体を頑丈にするための元で、その徳は五穀と同等だ。だから塩を粗末にして、いたずらに消費する人はたとえ人相がよくても困窮して命が短い

4.

その四

問

私は近年、日夜お腹が痛く、大いに苦しんでおります。さまざまな薬を服薬して、神仏に祈ってはいますが治すことができません。どうすればよいでしょうか?

答

あなたは、食べ過ぎが原因で、病気を起こしている。たとえ神仏に祈ろうとも、見返りがあるべきと言う理屈は成り立たない。今後は神に祈ろうと願うのならば、まずはあなたの食事を神に献上してから、祈るべきだ。すなわち三度の食事の際には断食と思って、粥二杯ずつを食べて神に祈りなさい。そうすれば、快気に向うことは疑いない。

問

私は生れつき病気が多く、食事をしても味覚を感じません。どうすればいいでしょうか?

答

これは病気が多いことが原因ではなく宿食の結果である。

それ故、食欲が湧かない場合は、三杯のご飯なら二杯、二杯ならば一杯に減らし、常に宿食に陥るのを防ぎなさい。そうすれば食べる時に、味覚を感じ病気することもない。節制しなさい。

問

肉を好んでたくさん食べると、心が濁るとおっしゃいます。私は常にたくさん肉を食べますが心が濁ったとは思いません。
また肉食して心が濁ると言うのなら、世の中の人は、金持ち、貧乏人に関わらず、ことごとく心が乱れるのではありませんか?

答

真に心を濁すものは肉食である。肉を食べた後は、心が清らかではなくなる。野菜を食べた後には心は自然と清らかになる。

心が清らかでない人は、心身を安定させることができない。そのため仏教修行者は、世の中の人々を仏門に勧誘しようとする際、肉食を禁じている。

もっとも肉を食べると言ってもたくさん食べなければ、心は必ずしも濁らない。よくよく自分に割り当てられた食の配分を認識し、みだりに多くの肉を食べないことを心がけなさい。

ただし肉があれば、食事は自ずと進んで、思わず多く食べてしまう。このことが、心を濁すものは肉食であると言われる理由だ。

問
私は子孫のために家督財宝を残そうと願っています。生涯のうちに達成できるでしょうか?

答
大いに間違っている。これは親の慈悲ではない。子の為には、大きな仇になる。

たとえ財宝が豊富と言っても慎みが不足していれば、たちまち財宝を失い、家を没落させる。

もし子孫の繁栄を願うのならば、親は正直を基本として、常日頃節制を心がけ、食事の際は無駄な消費を万全に防ぎ、これを常に親しみを以て子孫に見せなさい。

この慎みの家風を子孫に伝えることが何よりの家督であって、真に親先祖の慈悲である。

問
私は初老になっても、わが身が未だ安定しません。今日より身を安定させ、福禄寿を保持したいと願っています。どのようにすればいいでしょうか?

答
あなたが、身を安定させ、福秘寿を保持したいと願うのなら、まず飲食を節制し、厳格にその量をコントロールしなさい。

これが福禄寿の基本だ。基本が乱れて、結末が安定することはない。

問
それならば、金銀財宝の尊いのも、食が尊いのと同等ではないですか?

答

あなたは食べることによって命を保っている。命がなければ、何を以てあなたの父母に、孝行を尽くすことができると言うのか？ およそ世の中において、食ほど尊いものはない。

人が命と共に授かったものは食である。生れてから死ぬまで食べて、食べられなくなるに従って命が亡くなる。これはあなたが授かった食べ物をことごとく食べ尽して、やがてその本来の姿に帰ると言うことだ。

従って一口と言っても余計に食べるときはあなたの福祿寿を損なう。人間は飲食の節制を唯一実践して福祿寿を保持すべきだ。これ以外に運不運の分かれ道はない。

問
人相鑑定の要点はどこにありますか？
答
人相上での運不運を明らかにしようと願うのなら、まず自分から飲食を節制し、万全の無駄を戒めてこの実践を三年続ければ、人相鑑定法の正しいことは自ずと明らかになる。

私は常にこの方法を使って自然の運不運を自ら体得し、世の中の人々の人相を占ってきた。
これが人相鑑定師の道である。自分からこれを実践せず、なぜ人の吉凶を鑑定できようか？従って人相を鑑定する事は、要するに自分自身の慎みにある。

私の人相鑑定法の伝承極意はこれ以外に現れてくることはない。

end

세기의 책들 20선
천년의 지혜 시리즈 NO.4 경제경영 편 4부
결코, 배불리 먹지 말 것 南北相法極意(口語版)
최초 출간일 1812년

1판 1쇄 인쇄	2025년 1월 7일
1판 2쇄 발행	2025년 1월 21일
펴낸 곳	스노우폭스북스
지은이	미즈노 남보쿠
편저·기획	서진(여왕벌)
도서 선정 참여	현성(최현성)
대외 커뮤니케이션	진저(박정아)
교정	클리어(정현주)
도서 디자인	헤라(강희연)
마케팅 디자인	샤인(김완선)
마케팅 총괄	에이스(김정현)
SNS	라이즈(이민우)
커뮤니티	테드(이한음)
퍼포먼스 바이럴	썸머(윤서하)
제작	해니(박범준)
검색	형언(김형언)
영업	영신(이동진)
종이	월드페이퍼(박영국)
인쇄	남양문화사(박범준)
주소	경기도 파주시 회동길 527, 스노우폭스북스빌딩 3층
대표번호	031-927-9965
팩스	070-7589-0721
전자우편	edit@sfbooks.co.kr
출판신고	2015년 8월 7일 제406-2015-000159

ISBN 979-11-91769-94-4 03190